大语文

语文要素同步练

阅读与写作

崔凤琦 主 编

方丽娟 马黎黎 副主编

方丽娟 马黎黎 李 静 章忆慈 范建坤 陶 佳 执行主编

小中

适合 3~4 年级学生使用

辽宁省小学语文
名优教师工作站成果

辽宁人民出版社

图书在版编目（CIP）数据

大语文阅读与写作.小学中年级 / 崔凤琦主编.—沈阳：辽宁人民出版社，2021.1
ISBN 978-7-205-09998-5

Ⅰ.①大… Ⅱ.①崔… Ⅲ.①阅读课—小学—教学参考资料 ②作文课—小学—教学参考资料 Ⅳ.①G624.203

中国版本图书馆CIP数据核字（2020）第221834号

敬　告

我们通过多种渠道与收入本书的文章作者进行了联系，得到了各位作者的大力支持。但是由于一些作者的姓名和地址不详，暂时无法取得联系。

为了保障作者的著作权权益，我们已将部分未直接取得联系的作者的文字作品稿酬委托中国文字著作权协会转付，敬请相关著作权人联系，以便妥善处理。文著协电话：010-65978917，文著协邮箱：wenzhuxie@126.com，出版社电话：024-23280026。

出版发行：辽宁人民出版社
　　　　　地址：沈阳市和平区十一纬路 25 号　邮编：110003
印　　刷：辽宁新华印务有限公司
幅面尺寸：165mm × 235mm
印　　张：9.75
字　　数：75千字
出版时间：2021年1月第1版
印刷时间：2021年1月第1次印刷
责任编辑：张天恒　李翘楚
责任校对：冯　莹
书　　号：ISBN 978-7-205-09998-5
定　　价：38.00元

目 录

CONTENTS

01

边读边想画面多

同学们，你们在阅读的时候边读边想象画面，想象声音，是不是感觉很奇妙？让我们跟随小米多一起走进“想象空间”，打开你思维的触角，发散你的想象力，感受想象的无穷魅力吧。

主题要素链接：

◎感受自然之美。

◎边读边想象画面。

一 古诗文

① 大漠孤烟直

② 长河落日圆

③ 萧关逢候骑，都护在燕然

使至塞上①（节选）

［唐］王维

大漠②孤烟直，

长河③落日圆。

萧关④逢候骑，

都护⑤在燕然。

①〔使至塞上〕奉命出使边塞。
②〔大漠〕此处是指凉州之北的沙漠地区。
③〔长河〕黄河。
④〔萧关〕古关名，又名陇山关。
⑤〔都护〕唐朝在西北边疆置六大都护府，其长官称都护。

赏一赏

那日，浩瀚的沙漠中那圆圆的落日，在茫茫黄沙的天地间是如此荒凉。远处的孤烟竖直向上，像一把利剑直指苍穹，这场景真是令人震撼。奉命出使边塞已经行至萧关，却没有遇到将领，侦察士兵说：首将正在燕然前线奋勇杀敌。

王维，不仅是一名诗人，还是一位精通诗歌、绘画、书法与音律的艺术家。苏轼曾评价他“诗中有画，画中有诗”。《使至塞上》是王维被贬凉州的途中所作。在官场被排挤后，唐玄宗命他以监察御史的身份出使凉州，察访军情。

做一做

1. 反复朗读这首诗，圈出诗中所描绘的景物。

2. 结合上下文猜想，诗人看到的“大漠孤烟直”中的“孤烟”指的是什么？（　　）

   A. 炊烟　　B. 烽火　　C. 篝火　　D. 野火

3. 想象画面：时运不济、惨遭排挤的王维一车一马行走在这广阔而悲凉的环境里，（　　）的情感自然就凸显出来了。

   A. 喜不自胜　　B. 怒发冲冠　　C. 痛心疾首　　D. 孤单寂寞

4. 最后两句中，诗人王维碰到了一个侦察士兵，通过二人的对话，你觉得王维眼前仿佛出现了什么样的景象？（　　）

   A. 将士们奋勇杀敌的壮烈场面　　B. 将士们把酒言欢的酣醉场面

   C. 将士们抱头痛哭的凄惨场面　　D. 将士们垂头丧气的心灰场面

5. “大漠孤烟直，长河落日圆”被清代著名学者王国维赞叹为“千古壮观”的名句。你的脑海里现出了怎样的画面？

____

____

冬

① 冬虽隆寒逼人，而梅白松青，装点春色

② 至如骏马猎平原，孤舟钓浅濑

冬

冬虽隆寒逼人，而梅白松青，装点春色；又感六花飞絮，满地琼瑶①。兽炭②生红，蚁酒凝绿；狐裘貂帽，银烛留宾；在尾兔毫，彩笺③觅句：亦佳事也。至如骏马猎平原，孤舟钓浅濑（lài）④：豪华寂寞，各自有致。

——选自《明文精选·闲赏》

①〔琼瑶〕美玉。

②〔兽炭〕用木炭夹着香料做成兽形的炭，亦泛指炭或炭火。

③〔彩笺〕小幅彩色纸张，常供题咏或写信之用；也用来指诗笺或书信。这里指诗笺。

④〔濑〕湍急的水。

赏一赏

冬天固然冷，冷得难熬，但是也能看到一幅别样的景致：青松白梅，是冬天的一抹鲜亮；又有漫天飞舞的雪花，满地晶莹。这时候，你可以生起小火炉，热一壶小酒，邀三两好友，小醉微酣；或乘着酒兴，写下精彩的诗篇：实在是风雅的事情！又或者骑着骏马，驰骋于雪原之上；乘孤舟，垂钓于寒江浅水之上：或动或静，或豪气或寂寞，各有各的情致啊！

做一做

1. 你看，冬天给我们描绘了一幅多姿多彩的画面，文中表示颜色的词有________、________、________、________等。

2. 冬天也是很有情趣的。你看选文中人们可以生起小火炉________，趁着酒兴________，可以骑着骏马在雪原上________，也可以乘着小船到水边________。

3. 白居易的“绿蚁新醅（pēi）酒，红泥小火炉”，让你想到了文中的哪一个场景？（　　）

A. 银烛留宾

B. 六花飞絮

C. 梅白松青

D. 蚁酒凝绿

4. “六花飞絮，满地琼瑶”会让你联想到它和哪句诗描写的画面相似？（　　）

A. 孤舟蓑笠翁，独钓寒江雪

B. 忽如一夜春风来，千树万树梨花开

C. 人间四月芳菲尽，山寺桃花始盛开

D. 不可高声语，恐惊天上人

5. 反复诵读这首诗，我能“听”到________和________，还能“闻”到________。

二 赏名篇

海上日出

巴金

①为了看日出，我常常早起。那时天还没有大亮，周围很静，只听见船里机器的声音。

②天空还是一片浅蓝，很浅很浅的。转眼间，天水相接的地方出现了一道红霞。红霞的范围慢慢扩大，越来越亮。我知道太阳就要从天边升起来了，便目不转睛地望着那里。

③果然，过了一会儿，那里出现了太阳的小半边脸，红是红得很，却没有亮光。太阳像负着什么重担似的，慢慢儿，一纵一纵地，使劲儿向上升。到了最后，它终于冲破了云霞，完全跳出了海面，颜色真红得可爱。一刹那间，这深红的圆东西发出夺目的亮光，射得人眼睛发痛。它旁边的云也突然有了光彩。

④有时候太阳躲进云里。阳光透过云缝直射到水面上，很难分辨出哪里是水，哪里是天，只看见一片灿烂的亮光。

⑤有时候天边有黑云，云还很厚。太阳升起来，人看不见它。它的光芒给黑云(　　)【A.圈　B.镶】了一道光亮的金边。后来，太阳慢慢透出重围，出现在天空，把一片片云(　　)【A.染　B.绘】成了紫色或者红色。这时候，不仅是太阳、云和海水，连

我自己也成了光亮的了。

⑥这不是伟大的奇观么？

做一做

1. 为了写出云霞变化的美丽画面，第①、②段是按照 ________ 顺序写的。

2. 想象日出的画面，请给第⑤段两处括号内选择合适的词语（填序号），使表达更形象、更准确。

3. 根据作者看到的画面填空：

日出前，天空还是 ________，转眼间，天水相接的地方 ________，红霞的范围 ________。日出时，天空中出现了 ________，接着 ________，到了最后 ________。

4. 读完文章，闭上眼睛想一想，全文依次描写了 ______、______、______ 三种不同自然条件下的海上日出奇观。（填序号）

A. 白云飘浮　　B. 黑云蔽日

C. 天气晴好　　D. 暴风骤雨

5. 边读边体会，作者目睹了这场海上日出的整个过程，心里会有怎样的感叹呢？（　　）（多选）

A. 光明的力量如此伟大啊！　　B. 这真是奇观啊！

C. 我向往光明！　　D. 我向往奋发向上的精神！

仿一仿

同学们，巴金爷爷笔下的日出多美啊，每日所见的日出在他笔下如此美妙，究竟有什么写作奥秘呢？原来，当太阳离开地平线的时候，巴金爷爷通过丰富的想象，把小太阳写活了，一个“负着重担”写出了日出时的缓慢；一个“冲”字，一个“跳”字，生动地写出了太阳势不可挡的威力。看来运用想象可是文章出彩的一大法宝呢！夜空中的小星星、潺潺流动的溪水、细如花针的春雨都可以在你们想象中幻化成别有风味的意象，赶快拿起笔来试着写写这样的场景吧。

三 练非连

九寨沟是我国著名的风景旅游胜地，并拥有“世界自然遗产”和“世界生物圈保护区”的国际桂冠。自开放以来，旅游者蜂拥而至，每年游客量都超过 100 万人次。下图是九寨沟某一年客流量季节分布曲线图，看图并完成练习。

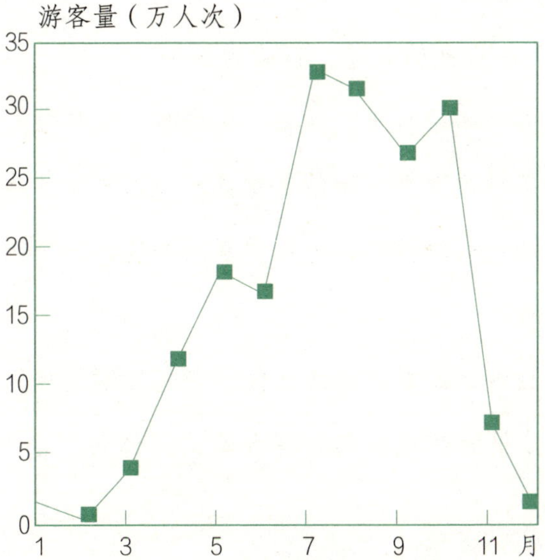

九寨沟 ×× 年客流量季节分布曲线

1. 如果将九寨沟的旅游分为旺季、平季和淡季，那么你认为淡季大致在 ____________ 这几个月。

2. 如果你是九寨沟的游客，你会选择哪个月出行？说说你的理由。

____

____

3. 如果你是九寨沟的旅游管理部门，针对旅游淡季，你会用什么广告语来宣传？

____

____

4. 旅游旺季也会带来烦恼。旺季时，九寨沟景区人满为患，超过了其环境承载量，有人提出了生态旅游的建议。下面有关九寨沟开展生态旅游所采取的措施的叙述，正确的是（　　）

A. 关闭景区内的宾馆饭店，执行“沟内游，沟外住”

B. 在景区内多移植世界各地的奇花异草，形成新的生态景观

C. 进行旅游功能区的规划，把旅游活动的线路、范围限定在核心区以外的地域

D. 停止生态旅游区的对外开放，促使生态环境的恢复

5. 小米多做手抄报时想选一句描写九寨沟的诗句，以下哪一句话最合适呢？（　　）

A. 有路大堂通九寨，此中仙境任盘旋。

B. 不识庐山真面目，只缘身在此山中。

C. 接天莲叶无穷碧，映日荷花别样红。

D. 五岳归来不看山，黄山归来不看岳。

02

多种方法读难句

金色的秋天是收获的季节：苹果露出红红的脸颊，梨树挂起金黄的灯笼，高粱举起燃烧的火把，稻海翻起金色的波浪……勤劳的小朋友，你在金色的秋天里收获了什么？和小米多一起到描写秋天的诗词美文中理解难读难懂的句子吧！

主题要素链接：

◎感受秋天之美。
◎运用多种方法理解难懂的词语。

一 古诗文

① 玉颗珊珊下月轮

② 殿前拾得露华新

③ 至今不会天中事

④ 应是嫦娥掷与人

天竺（zhú）寺八月十五日夜桂子

［唐］皮日休

玉颗①珊珊下月轮，
殿前拾得露华②新。
至今不会③天中事，
应是嫦娥掷与人。

①〔玉颗〕这里指桂花。
②〔露华〕露珠。
③〔不会〕不知道。

赏一赏

零落的桂花瓣，如同一颗颗玉珠从月亮里撒落下来，拾起殿前的桂花，花瓣带着露珠更显湿润。到现在也不知道天上发生了什么事，这桂花大概是嫦娥撒下来给予众人的吧。

“八月桂花香”，这首诗虽然只描写了一幅“夜赏月桂图”，却让我们了解了古时候的民俗——中秋要看月赏桂，诗人要展现的景象和要表达的感受扑面而来。如此的好诗，读后使人神清气爽，也不禁让小米多对古人的中秋佳节浮想联翩。

做一做

1. 学古诗时，注释可以帮助我们理解诗的意思。根据注释可以知道，诗中的“玉颗”是指（　　）

A. 

B. 

C. 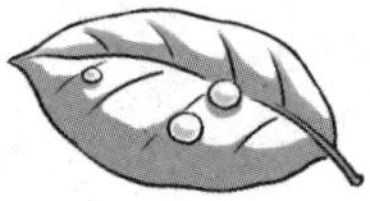

D. 

2. 找近义词也是一种理解词语的方法，和诗中的“掷”的意思相近的词是（　　）

A. 扔

B. 拿

C. 撒

D. 敲

3. 诗里写的是中秋节，你知道中秋节之后是哪一个传统佳节吗？（　　）

A. 清明节

B. 春节

C. 重阳节

D. 国庆节

4. 小米多想问，下面哪句也是关于中秋节的诗句？（　　）

A. 小时不识月，呼作白玉盘

B. 举头望明月，低头思故乡

C. 但愿人长久，千里共婵娟

D. 又疑瑶台镜，飞在青云端

5. 整理信息，可以帮助我们加深理解，根据这首诗填填表格。

时间	
地点	
人物	皮日休
看到的	
想到的	

① 菊花盛开，清香四溢

② 其瓣如丝，如爪

③ 其色或黄、或白、或赭、或红

④ 百花零落，惟菊独盛

菊

菊花盛开，清香四溢[1]，其[2]瓣如丝，如爪。其色或黄、或白、或赭(zhě)[3]、或红。种类繁多。性耐寒，严霜即降，百花零落，惟[4]菊独盛。

——选自《民国老课本》

①〔溢〕这里指流出、散发出。
②〔其〕它的，指菊花。
③〔赭〕红褐色。
④〔惟〕只有。

赏一赏

菊花盛开，它的清香四处飘散。它的花瓣有的像丝，有的像爪子。它的颜色有黄的、白的、赭色的、红的，种类繁多。菊花很耐严寒，当寒霜将要降临的时候，其他的花都凋谢了，只有菊花依然盛开。

秋天到，菊花开。菊花是秋天的“季花”，看到菊花开，就知道深秋来临。梅、兰、竹、菊千百年来以淡泊清雅被世人所钟爱，其中不乏爱菊之人。从古至今，有多少文人歌颂它的高洁、顽强、不畏严寒啊！

做一做

1. 结合上下文，猜猜“或黄、或白”中的“或”是什么意思？（　　）

A. 如果　　B. 有的

C. 或者　　D. 或许

2. 读一读，赏一赏，想一想：如果要把文中的菊花画下来，至少需要准备哪些颜色的画笔？（　　）

A. 红、黄、蓝

B. 红、黄、白

C. 红、黄、赭、白

D. 绿、红、白

3. “其色或黄、或白、或赭、或红。”这句话中的“赭”字比较陌生，你会通过什么方式来认识它呢？（　　　）（多选）

A. 查字典　　B. 问爸爸妈妈　　C. 用百度搜索

D. 和同学交流　　E. 联系内容猜一猜　　F. 根据生活经验猜

4. 联系生活，可以让我们的理解更全面深入。你知道每个季节都有代表性的花吗？春天有________，夏天有________，秋天有菊花，冬天有________。

5. 短文中____________（四个字）写出了菊花的味道；____________（四个字）写出了菊花的种类特点；____________（三个字）写出了菊花不怕严寒的特点。

仿一仿

作者抓住了菊花的形状和颜色两个方面，写出了菊花的特点。你一定有自己喜欢的花吧。仿照作者的写法，也来写一段吧。聪明的你可以写得更长哦。

____________________盛开，________________________。

其瓣如__________________，如__________________。其色或

____________________、或_________________________、或

____________________……

素养小积累

学而时习之

子曰：“学而时习之，不亦说乎？有朋自远方来，不亦乐乎？人不知而不愠，不亦君子乎？”

——选自《论语·学而第一》

二 赏名篇

落　叶

罗赤鸣

夏天过去了，秋妈妈忙着给树木披上金装。登高望去，犹如一片茫茫的金海。秋风扫过，树叶纷纷落下，有的像蝴蝶翩翩起舞，有的像黄莺展翅飞翔，还有的像舞蹈演员那样轻盈地旋转。地上满是落叶，像铺了一层厚厚的金毯。

我觉得秋天比春天还要美丽呢！

看，那边又飘飘摇摇落下一片大叶子，我连忙跑过去，伸出双手接住了它。哈，那叶片活像一只金色的小船，它也许是想要投入小河的怀抱才落下来的吧？于是，我轻轻地把它放进了小河。小河水哗哗地响着，像是在鼓掌欢迎。“小船”轻快地打了个旋，仿佛在和我依依告别，接着，便开始了它有趣的航行。

这时，一片桃形的叶子落在我的眼前，我捧在手心里想道：“它可能是孙悟空偷蟠桃的时候，不小心碰掉的一颗小小的仙桃吧？一落在凡间，却变成了一片小小的树叶了。”我放在鼻子下面闻了闻，好像还真有一股桃子的香气呢！

我正在遐想着，又一片柳叶悄悄落在我的脚面上。我拾起来一看，啊，还带着绿色呢。我不由得暗暗地猜道：“它大概是看到姐妹们纷纷落下，也想到地面上来玩耍，便忍不住跳下树梢的吧？”我一边想，一边小心地把它做成一只叶哨，“瞿瞿”地吹起来，听，多像牧羊人悠扬的笛声啊！

地上的落叶越来越多，我都不知道该拾哪片好了，干脆找一根细绳把叶子穿起来，戴在头上。哈，真有趣，我变成一个头戴金冠的“王子”了！

树梢变秃了，秋天就要过去了，我珍藏了几片黄叶，来迎接下一个更美丽的金秋！

做一做

1. 你发现作者写落叶的秘密了吗？作者把落叶写成了一个善变的小精灵。一会儿像 ____________，一会儿像 ____________，一会儿像 ____________……在你的眼里，落叶又像 ____________。
2. 有时候，我们可以用图画来表示我们的理解，和小米多一起设计一枚落叶书签，并在书签上写下描写秋天的词吧。

3. 试着用换一换的方式理解加点的词语。

（1）我珍藏了几片黄叶，来迎接下一个更美丽的金秋！（　　）

（2）登高望去，犹如一片茫茫的金海。（　　）

（3）我正在遐想着，又一片柳叶悄悄落在我的脚面上。（　　）

4. 给下面的词语找朋友。

翩翩起舞 ________ ________

飘飘摇摇 ________ ________

5. 积累也有助于理解。俗话说，一叶知秋。关于秋之落叶，古人为我们留下了不少佳句。秋天里诵着秋的诗词，那一定很酷吧！

停车坐爱枫林晚，霜叶红于二月花。——唐·杜牧《山行》

山明水净夜来霜，数树深红出浅黄。——唐·刘禹锡《秋词二首》

落霞与孤鹜齐飞，秋水共长天一色。——唐·王勃《滕王阁序》

秋风萧瑟，洪波涌起。——三国·曹操《观沧海》

自古逢秋悲寂寥，我言秋日胜春朝，——唐·刘禹锡《秋词》

三 练非连

小米多看到一则公益广告，让我们帮他一起破解广告中隐藏的密码吧。

1. 图上画了什么？（　　）（多选）

A. 一支笔

B. 一扇窗户

C. 一个笼子

D. 一个蝴蝶结

E. 一双手

2. 把图看完整，再想想图上的笔代表着（　　）。

A. 写字

B. 学习任务

C. 成绩

D. 读书

3. 看了这张宣传画，你是怎样的心情？（　　）

A. 高兴

B. 激动

C. 难受压抑

D. 感动

4. “关注”和“关住”同音，在这里的意思却大不一样。“关注”的意思是____________，“关住”的意思是____________。

5. 这则公益广告是要告诉人们____。

03

童话王国爱畅想

童话是一座五彩缤纷的大花园。游历奇妙的童话王国你会发现，植物、动物不但和人一样会说话，而且也有喜怒哀乐。我们能从童话故事中感受到丰富的想象力。想象力是一种神奇的力量，它能帮我们打开一扇门，通向不一样的世界。和小米多一起，打开想象力之门吧！

主题要素链接：

◎感受童话丰富的想象。
◎试着自己编童话，写童话。

一 古诗文

① 一道残阳铺水中

② 半江瑟瑟半江红

③ 可怜九月初三夜

④ 露似真珠月似弓

暮江吟

［唐］白居易

一道残阳[1]铺水中，

半江瑟(sè)瑟半江红。

可怜[2]九月初三夜，

露似真珠[3]月似弓。

①〔残阳〕诗中指晚霞。
②〔可怜〕可爱。
③〔真珠〕同“珍珠”。

赏一赏

夕阳渐渐没入江中，晚霞倒映在江面。江上一半碧绿一半艳红。最可爱的是那九月初三的夜晚，月亮像弯弓，露珠像珍珠。

《暮江吟》是白居易“杂律诗”中的一首。诗人为我们“绘制”了两幅优美的自然界的画面。一幅是夕阳西沉、晚霞映江的绚丽景象，一幅是弯月初升、露珠晶莹的朦胧夜色。诗人运用了新颖巧妙的比喻，创造出和谐、宁静的意境，通过吟咏表现出内心深处的情思和对大自然的热爱之情。

做一做

1. 根据诗句，展开想象。“半江瑟瑟半江红”，猜测一下诗句中的“瑟瑟”是什么意思？（　　）

A. 波光粼粼

B. 碧绿色

C. 发抖

D. 红色

2. 小米多发现“可怜”在诗中居然是“可爱”的意思。他不禁想：诗句“却看妻子愁何在？”的“妻子”是指（　　）。

A. 老婆

B. 妻子和孩子

C. 妻子和儿子

D. 妻子和女儿

3. 如果你想像诗人一样具有丰富的想象力，就要经常开启自己的联想功能。来做做“思维体操”，由这个偏旁你会联想到哪些字呢？

宾（滨）（　　）（　　）

寺（侍）（　　）（　　）

艮（银）（　　）（　　）

4. 在诗人的想象里，瀑布落下来是“疑是银河落九天”，在你的想象里，瀑布落下来，疑是＿＿＿＿＿＿＿＿＿＿＿＿＿＿＿＿＿＿＿＿＿＿＿＿＿＿＿＿＿＿＿＿＿＿。

5. 诗人的想象力真是太丰富了！让人不由得想到他写的另一首充满想象力的诗《夜宿山寺》。

夜宿山寺

危楼 ________________，手可 ________________。

不敢 ________________，恐惊 ________________。

素养小积累

吾日三省吾身

曾子曰：“吾日三省吾身——为人谋而不忠乎？与朋友交而不信乎？传不习乎？”

——选自《论语·学而第一》

① 夸父与日逐走

② 渴，欲得饮，饮于河、渭

③ 弃其杖

④ 化为邓林

夸父逐日

夸父与日逐走，入日；渴，欲得饮，饮于河、渭①；河、渭不足，北饮大泽②。未至，道渴而死。弃其杖，化为邓林③。

——选自《山海经·海外北经》

①〔河、渭〕黄河、渭水。
②〔大泽〕大泽湖。
③〔邓林〕桃林。

赏一赏

读着读着，你的脑海里是不是开始放电影啦？电影里有一个叫“夸父”的男主角，他和太阳赛跑，一直追赶到太阳快落下的地方；他感到口渴，想要喝水，就到黄河、渭水喝水。黄河、渭水的水不够，又去北方的大泽湖喝水。还没赶到大泽湖，他就半路渴死了。他遗弃的手杖，化成桃林。

这则小古文同样充满了神奇的想象。夸父认为世界上没有做不成的事情，他身材魁梧、力大无穷，为了追求光明，他顽强不息、坚持不懈、勇于献身，虽然最后累得精疲力尽也没有赶上太阳，但是他的拐杖最终化作了一片桃林。这则小故事反映了古代人民与大自然竞争不断奋斗的精神，探索大自然、征服大自然的强烈愿望和顽强意志。

做一做

1. 小米多想要知道“欲得饮”中的“欲”指的是（　　）。

A. 欲望　　B. 将要

C. 想要　　D. 马上

2. 需要一点想象力的题目：“夸父与日逐走”中的“逐走”指的是（　　）。

A. 赶走　　B. 赛跑

C. 走路　　D. 冲

3. 结合赏析，想一想“入日”是什么意思呢？（　　）

A. 跑到太阳里　　B. 接近太阳

C. 追赶到太阳落下的地方　　D. 绕着太阳

4. 读了这个故事，你的脑海里出现了一个怎样的夸父？（　　）

A. 高大魁梧　　B. 健步如飞

C. 坚持不懈　　D. 胃口很大

5. 这个故事充满了神奇的想象：比如夸父做的事很神奇，他竟然要去____________________；还有他是个大胃王！他先喝干________________，又喝干了________________，最后还想去北边的大湖喝水。故事的结尾也很神奇，夸父的手杖居然变成了____________________。你猜猜看，为什么要这样变呢？因为____________________________。

二 赏名篇

蜗牛和玫瑰树

[丹麦]安徒生

花园的四周是一圈榛（zhēn）子树丛，像一排篱笆（lí ba）。外面是田野和草地，有许多牛羊。园子的中间有一棵花繁的玫瑰树，树下有一只蜗牛。

他说道："我不只开花，不只结榛子，或者说像牛羊一样只产奶，我要贡献更多的东西。""我真是对您大抱希望呢，"玫瑰树说道，"我斗胆请教一下，您什么时候兑现呢？"

"我得慢慢来，"蜗牛说道，"您总是那么着急！着急是不能成事的。"

第二年，蜗牛仍躺在玫瑰树下大体上同一个地方的太阳里。玫瑰树结了骨朵，绽出花朵，总是那么清爽，那么新鲜。蜗牛伸出一半身子："什么东西看来都和去年一样！玫瑰树还在开他的玫瑰花，再没有什么新招了！"

夏天过去，秋天到来，玫瑰还在开花，结骨朵，一直到雪飘了下来，玫瑰树垂向地面，蜗牛钻到地里。

接着又开始了新的一年，玫瑰又吐芽抽枝，蜗牛也爬了出来。

"现在您已经成了老玫瑰枝了，"他说道，"您大约快要了结生命了。您把您所有的一切都给了世界，这是否有意义？您如果为自己多考虑一点，一定会另有发展的。您明白我讲的吗？”

“您把我吓了一跳，”玫瑰树说道，“我从来没有想过这一点。”

“您是否曾经考虑过，您为什么开花？”

“没有！”玫瑰树说道，“我在欢乐中开花，因为我只能这样。太阳是那样暖和，空气是那样新鲜，泥土往我身体内注入一股力量，我感到一阵幸福，总是那么新鲜，那么充分，因此我必须不断开花。那是我的生活，我只能这样！”

“的确如此！我得到了一切！”玫瑰树说道，“但是您得到的更多！您是一位善于思考、思想深刻的生灵。”

“这我压根儿就没有想过，”蜗牛说道，“世界与我不相干！我和世界有什么关系？我自身与我身体的事就够多的了。”

“可是难道说我们不应该把我们最好的东西奉献给别人吗？我只做到了拿出玫瑰来——可是您呢？您得到了那么多，您给了世界什么呢？”

“我给什么？我缩进自己的身体里，待在自己的躯壳里。世界与我没有关系！”

于是蜗牛就缩回到自己的屋子里，带上了门。

玫瑰树说道：“就算我特别愿意，我也无法把身子缩进去，我必须总是开花，总是开玫瑰花。花瓣落了，被风吹走！不过我却看见一位家庭主妇把一朵玫瑰花夹在赞美诗集里，我的另一朵玫瑰花被插在一个年轻美丽的姑娘的胸前，还有一朵被一个幸福地欢笑着的小孩子吻了一下。这些都叫我很高兴，这是真正的幸福。”

玫瑰天真无邪地开着花。蜗牛缩在他的屋子里。

（有删改）

做一做

1. 理清故事的脉络，是读懂童话的基础。和小米多一起来制作一个故事小贴士吧。

（1）这个故事的主人公是__________和__________。故事发生在______________。

（2）玫瑰树想做的事是____，蜗牛想做的事却是____。（可以摘录文中的句子来回答）

2. 请用“～～～”在文中画出玫瑰树认为的真正的幸福。

3. 玫瑰树和我们生活中的哪种人相似？（　　）蜗牛呢？（　　）

A. 踏踏实实做好自己的事的人

B. 一成不变，只会做一件事的人

C. 做事慢吞吞的人

D. 有想法却不行动的人

4. 你会用哪些词来形容玫瑰树开的花？（至少写3个）

5. 认识安徒生。

安徒生，19世纪丹麦童话作家，是“世界儿童文学的太阳”！虽然出身贫寒，但他从小热爱文学。在不懈努力下，安徒生终于成为世界著名的童话作家。他的作品家喻户晓，《丑小鸭》《海的女儿》《皇帝的新装》《卖火柴的小女孩》《拇指姑娘》……如今，《安徒生童话》已经被翻译成150多种语言，在全球各地出版和发行。

仿一仿

新的玫瑰树和新的蜗牛又会发生怎样的故事呢？是像作者说的那样，他们仍旧像之前的玫瑰树和蜗牛一样，还是发生了不一样的故事？拿起你的笔，发挥你的想象，续写这个故事吧！

三 练非连

阅读“食物消化时间表”。

食物	消化所用的时间	例 1	例 2
水果	30 分钟—1 小时	西瓜、苹果、橘子	香蕉时间最长
蔬菜	45 分钟—2 小时	瓜类蔬菜时间最短	芋头时间最长
谷物	1 小时 30 分钟—3 小时	流质或半流质的谷物食品时间短	发酵（jiào）食品消化率高，达 98%
蛋白质	1 小时 30 分钟—4 小时	牛奶、豆浆比较容易消化	牛肉等完全消化需要 4 小时
脂肪类	2 小时—4 小时	植物油比动物油更容易消化	脂肪与谷物或蛋白质类食物共同摄入会延长后者的消化时间

1. 小米多要参加学校举行的运动会，运动会下午 2 点举行，比赛前不适合吃太饱，不适合吃难消化的食物，那么，中午吃什么比较合适？（　　）

A. 猪肉、面包、牛肉　　B. 香蕉、牛肉、鸡蛋

C. 芋头、猪肉、香蕉　　D. 苹果、牛奶、面包

2. 小米多很喜欢睡觉前吃点东西，参照表格，吃什么比较合适？（　　）

A. 香蕉　　B. 牛奶

C. 牛肉　　D. 猪肉、煎鸡蛋

3. 小米多的学校吃午饭时间为上午 11:30，放学时间是下午 5:30。根据"食物消化时间表"请你为该校设计一次午餐菜单。

	今日菜单
主食	
配菜	

4. 小米多想知道：青菜、西瓜、鸡蛋、牛肉哪个消化得最快？（　　）

A. 青菜　　B. 西瓜

C. 鸡蛋　　D. 牛肉

5. 小米多的同学里出现了很多的"小胖墩"，你觉得是什么原因？（　　）

A. 吃得太多

B. 只吃荤菜不吃素菜

C. 饮食不当加上不爱锻炼

D. 不锻炼

04

运用预测来猜想

预测是一种很有效的阅读方法。我们在阅读课外书的时候，也可以用一用这种方法，根据题目、插图、内容等线索进行预测。一边读，一边猜，你会发现这样的阅读很有趣，你也能真切地感受到阅读和思考带给你的无限快乐哦！和小米多一起猜，猜，猜。

主题要素链接：

◎一边读一边预测，顺着故事情节去猜想。
◎学习预测的一些基本方法。
◎尝试续编故事。

一 古诗文

① 海上生明月，天涯共此时

② 情人怨遥夜，竟夕起相思

③ 灭烛怜光满，披衣觉露滋

④ 不堪盈手赠，还寝梦佳期

望月怀远[1]

［唐］张九龄

海上生明月，天涯共此时。
情人[2]怨遥夜，竟夕起相思。
灭烛怜光满，披衣觉露滋。
不堪盈手[3]赠，还寝梦佳期。

①〔怀远〕怀念远方的亲人。
②〔情人〕多情的人，这里指作者自己。
③〔盈手〕双手捧满之意。

赏一赏

茫茫的海上升起一轮明月，此时你我天各一方互相遥望。有情的人都怨恨月夜漫长，整夜睡不着，把亲人怀想。熄灭蜡烛怜爱这满屋月光，我披起衣服，徘徊良久，深深感到夜露寒凉。不能把美好的月色捧给你，只希望能够与你相见在梦乡。

《望月怀远》是一首月夜怀念远方亲人的诗，是作者在离开家乡时，望着明月思念远方亲人而写下的，抒写了对远方亲人的一片深情。因为思念而睡不着的夜晚，没有什么可以相送的，只有满手的月光。

做一做

1. 根据整首诗的意思，请你推测一下“竟夕起相思”中的“竟夕”是什么意思？（　　）

A. 夕阳　　　　B. 整夜

C. 每天　　　　D. 傍晚

2. 根据诗意，“情人怨遥夜”中的“遥夜”和下面诗句中的哪句意思一样？（　　）

A. 春风又绿江南岸，明月何时照我还

B. 月落乌啼霜满天，江枫渔火对愁眠

C. 迟迟钟鼓初长夜，耿耿星河欲曙天

D. 姑苏城外寒山寺，夜半钟声到客船

3. 根据诗句的描写，推测一下：作者在写下这首诗之前，最有可能的状态是（　　）。

A. 抬头望月，思绪联翩

B. 抬头望月，心潮起伏，躺下，辗转反侧，披衣服起来又望月

C. 在窗前看着月亮，睡不着觉

D. 孤独站立

4. 这首诗的题目向我们透露了一些信息。比如，“________”一词告诉我们作者做的事；“________”告诉我们作者表达的情感。

5. 古人常常借着月亮表达思念之情。

李白说：举头望明月，______________________。

杜甫说：露从今夜白，______________________。

王安石说：春风又绿江南岸，______________________。

苏轼说：但愿人长久，______________________。

袁枚说：______________________，年年相见在他乡。

素养小积累

言令色劳

子曰："巧言令色，鲜矣仁。"

——选自《论语·学而第一》第3则

① 有父子俱性刚不肯让人者

② 一日，父留客饮，遣子入城市肉

③ 各不相让，遂挺立良久

④ 汝姑持肉回陪客饮，待我与他对立在此

赏一赏

今天，我们要以一种特别的方式来学习小古文《性刚》。请你一边读一边猜，先从题目开始，一句句往下猜。最后对照原文，看看你猜得怎么样。

性 刚

1. 读了这篇小古文的题目，你来猜猜看它的意思吧。（　　）

A. 一个人的名字　B. 性格坚强　C. 性格倔强　D. 姓刚的人

这篇小古文讲的是一对性格倔强的父子的故事。故事可有趣了。请你和小米多一起一边读一边猜吧。准备好了吗？ Let’s go.

有父子俱性刚，不肯让人者（有一对父子，性格非常倔强，与人交往从来不肯礼让他人）。

2. 这样不肯让人的父子俩，生活中都会有哪些不肯让人的事？写下你的猜测。

____

一日，父留客饮。遣（qiǎn）子入城市肉（一天，父亲留客人在家吃饭，派儿子去城里买肉）。

3. 根据意思猜猜看这句话怎么停顿？ 用“/”画一画。

遣 子 入 城 市 肉

子取肉回，将出城门，值一人对面而来（儿子买了肉回家，要出城门时，正巧遇到一个人迎面走过来）。

______________________________。

4. 结合图片猜猜看，这个“性刚”的儿子会怎么做？（　　）

A. 互让而归

B. 各不相让

C. 各不相让，遂挺立良久

D. 和那个人吵起来

父寻至见之，谓子曰：“汝姑持肉回，陪客饭。__________________！”（父亲一路寻找到城门下，看到这一情景，对儿子说：“你暂且拿着肉回家，陪客人吃饭。______________________________！”）

5. 故事发展到这儿，你觉得这位父亲接下去会说什么？（　　）

A. 待我与其对立在此

B. 待我与其讲道理

C. 待我与其一决高下

D. 待我教育他

小朋友们，你们真棒！快来读读原文，并试着把3、4题中的横线补全吧！

性刚

有父子俱[①]性刚不肯让人者。一日，父留客饮，遣子入城市[②]肉。子取肉回，将出城门，值[③]一人对面而来，各不相让，遂[④]挺立良久。父寻至见之，谓子曰："汝姑持肉回陪客饮，待我与他对立在此！"

——选自冯梦龙《广笑府》

①〔俱〕都。
②〔市〕买。
③〔值〕碰到，遇上。
④〔遂〕于是。

素养小积累

弟子学文

子曰："弟子入则孝，出则弟，谨而信，泛爱众，而亲仁；行有余力，则以学文。"

——选自《论语·学而第一》

二
赏名篇

井蛙之志

佚名

有一天，一只小井蛙对来到井边喝水的画眉鸟说：“朋友们都笑我坐井观天，什么学问都没有，这太不公平了！画眉姐姐，这次我立下雄心壮志：两年内一定要成为一位知识渊博的学者！不信你瞧，我的学习计划都制订好了！”大概由于过分（激动　感动）吧，小井蛙的肚皮胀得一鼓一鼓的，看样子真要发奋干一（番　回）事业呢！

画眉鸟听了后，说：“自己定下的目标，要努力去完成才行哦！两年后我等你的好消息。”小井蛙的脸蛋上露出了两个小酒窝，（赶快　爽快）地回答：“画眉姐姐，我一定会努力去学习，成为知识渊博的学者的。你就等着我的好消息吧！”画眉鸟之后就飞走了。

画眉鸟走后，小井蛙在井里为自己制订着学习计划，越想越美。他兴冲冲地找来了几本厚厚的书籍。第二天，小井蛙拿出第一本书，翻开来看。才看了几行，就自言自语：“原来看书这么累呀！还不如先休息几天，等精力（充分　充沛）了，再看也不迟呀！反正两年的时间长得很呢！”于是，小井蛙就去休息了。

一个星期后，当小井蛙再次拿起书时，忽然想起了今天小蝌蚪约自己去河里玩。他心想：反正两年的时间长着呢，先去玩。反正玩也算是运动嘛！等我回来再去学习吧！于是，小井蛙来到河里，跟着小蝌蚪们一起玩了起来。

从小蝌蚪们那里回来后，小井蛙伸伸胳臂蹬蹬腿，感到身上酸酸的，不过精神还是挺不错。他坐下来正准备看书，抬头一望，（圆圆　园园）的月亮正挂在井台的上空，好几颗星星还直冲他眨眼呢！小井蛙的心又动了：这么好的天气应该赏月。明天再看书吧！小井蛙便抬起了头，（观看　观赏）月色去了。

①“谁这么早就来吵吵，烦死了！”小井蛙嘟囔了一句。②一天清晨，小井蛙正在香甜地睡着懒觉，蒙眬中听到从井台传来唱歌的声音：“明日推明日，明日有多少，万事推明日，时光空消磨……”③小井蛙一翻身爬起来，张着嘴巴，摊开双手，半天说不出一句话来。④这样一天推一天，两年的时间不知不觉地溜走了。⑤“我是画眉姐姐，特地赶来祝贺你成为学者的。太阳都晒着屁股了，你还没起床呀！”

（有删改）

做一做

1. 根据上下文，选择括号中恰当的词语，画“√”。

2. 根据句子，推测下列词句中加点字的意思。

（1）小青蛙越想越美。（　　）

（2）好几颗星星还直冲他眨眼呢！（　　）

（3）时光空消磨。（　　）

（4）小井蛙嘟囔了一句。（　　）

3. 文章最后一段的句子顺序被打乱了，请你根据故事前面的内容，帮它重新排序，并将正确的序号写在下面。

____

4. 读了短文，我知道井蛙所立的志向是______________，它是这样去做的：______________，结果______________。

5. 这个故事中的小井娃和我们生活中的哪一类人最相似？（　　）

A. 喜欢吹牛的人

B. 不爱学习、懒惰的人

C. 空有理想，却没有行动的人

D. 有理想的人

仿一仿

小米多想，每个故事，即使有相同的开始，也会有不同的结果。小井蛙的故事，在其他小朋友的笔下又会是怎样的结局呢？请根据前面的剧情提示，重新编写属于你自己的童话故事吧。

画眉鸟走了后，小井蛙在井里为自己制订着学习计划。

小井蛙越想越美。

素养小积累

君子好学

子曰：“君子食无求饱，居无求安，敏于事而慎于言，就有道而正焉，可谓好学也已。”

——选自《论语·学而第一》

三 练非连

取款通知单

<table>
<tr><td colspan="3" rowspan="2">请携带本人有效证件于 2020 年 1 月 3 日前到任一联网网点取款。</td><td>汇票号码</td><td>15103572696707</td></tr>
<tr><td>标识码</td><td>200</td></tr>
<tr><td>收款人地址
收款人姓名</td><td colspan="3">江苏省通州区实验小学金桥区三年三班
小米多</td><td>特殊
业务</td></tr>
<tr><td>收款金额</td><td>40.00</td><td>汇款日期</td><td>20191104</td><td>填单日截</td></tr>
<tr><td>汇款人
地址、姓名</td><td colspan="3">哈尔滨市道外区景阳街 21 号
《学生之友》编辑部</td><td>瞿春梅</td></tr>
<tr><td>汇款人邮编</td><td>150020</td><td>汇款人电话</td><td>13936411366</td><td>150 000</td></tr>
<tr><td colspan="5">附言
2019 年 13、15 期</td></tr>
</table>

经办员　　检查员　　接收专号：017659

1. 根据图片的信息进行判断，正确的画“√”，错误的画“×”。

（1）小米多的稿费是 400 元。（　　）

（2）小米多是江苏省通州区实验小学金桥校区三年三班的学生。（　　）

（3）小米多家附近就有一家建设银行，他可以去那里取。（　　）

2. 如果小米多有什么不明白的问题想问编辑部，他可以拨打＿＿＿＿＿＿＿＿＿＿＿＿＿＿＿＿＿。

3.《学生之友》杂志社是在（地点）＿＿＿＿＿＿＿＿＿＿。

4. 小米多去取稿费的时候需要带上＿＿＿＿＿＿＿＿＿＿。

5. 小米多如果 1 月 5 日去取稿费可以取到吗？为什么？

＿＿＿＿＿＿＿＿＿＿＿＿＿＿＿＿＿＿＿＿＿＿＿＿＿＿

05

提出问题 多思考

同学们，宋朝的“心学大师”陆九渊说：“为学患无疑，疑则有进。”我们作为现代的学生不仅要“学贵有疑”，还要尝试从不同的角度去思考，提出自己的问题，让自己的思考更加全面和深入。

主题要素链接：

◎提问策略。
◎阅读时尝试从不同角度去思考，提出自己的问题。

一 古诗文

① 昨夜江边春水生，艨艟巨舰一毛轻

② 向来枉费推移力

③ 此日中流自在行

泛舟

[宋]朱熹

昨夜江边春水生，
méng chōng
艨艟①巨舰一毛轻。
向来②枉费③推移力④，
此日中流自在行！

①〔艨艟〕古代战船。
②〔向来〕从前。指春水未涨之时。
③〔枉费〕白费。
④〔推移力〕推动船使船移动的力气。

赏一赏

昨天晚上，江河里的春水涨起来了，这使得大战船漂浮在水面上犹如一根羽毛那样轻了。往日水少时，多少人花费了多少力气也不曾移动巨船一尺一寸，如今好了，船可以自由自在地航行在河流当中了。

朱熹是南宋时期著名思想家、哲学家和教育家，世称“朱子”。你们瞧，这首小诗就是朱熹以“泛舟”为例来说明一个道理：水涨船高则能够轻松行驶，形象地告诉人们时机还未成熟时，盲目行动只会费时费力并且达不到想要的结果，等到时机成熟就一切水到渠成，畅通无阻了。

做一做

1. 动脑筋想一想："艨艟"一词的读音是______，以下哪幅图是"艨艟"？（　　）

A. 

B. 

C. 

D. 

2. 联系诗句想一想："艨艟巨舰一毛轻"这句诗中，诗人把__________比作__________，运用了__________修辞手法。

3. 测测你的思考力："此日中流自在行"中的"中流"的正确意思是(　　)

A. 中流砥柱

B. 水流的中央

C. 慢慢流

D. 中等流量

4.“向来枉费推移力，此日中流自在行。”从不同的角度来思考这句诗，将水少时和水涨时，行船的两种状态进行了对比，请你根据这首诗完成下面表格。

水量	船的行驶状态	修辞手法
水少时		
水涨时		

5.这是一首说理诗。它以泛舟为例，让读者去体会其中的道理。你想明白是什么道理了吗？（　　　　　）（多选）

A.只要功夫到家，就能得心应手

B.时机还未成熟，盲目行动只会费时费力且没有结果

C.时机成熟就一切水到渠成

D.苦思某个问题后豁然开朗的感觉妙不可言

① 曹操得巨象。欲知其轻重。不能称。

② 置象于船上，刻其水痕所至

③ 去象，将他物积载船中使水及原痕

④ 复称他物，则象重可知矣

曹冲称象

曹操得巨象。欲[1]知其轻重。不能称。操之幼子名冲，告[2]操曰：“置[3]象于船上，刻其水痕所至。去象，将他物积载船中使水及[4]原痕。复称他物，则象重可知矣。”

——选自《三国志》

①〔欲〕想要。
②〔告〕告诉。
③〔置〕放。
④〔及〕到达。

赏一赏

有一回，曹操得到一头大象，他想要知道它的重量，可是象太大了，没有办法称。曹操的小儿子曹冲告诉父亲：“把象赶到船上，在船吃水后水面所达到的位置做上记号，再在船上装满石头，使水面正好到原来船上做记号的地方。最后称一下这些石头的重量，就可以知道大象的重量了。”

曹冲是曹操之子，少年时就善于思考，十分聪慧，常常想别人所不能想，深受曹操的喜爱。你看，小小的曹冲真是善于动脑筋呢。关于曹冲称象的故事，更是被世人津津乐道。

做一做

1.“欲”有很多种意思，“欲知其轻重”中“欲”的意思，你认为是（　　）

A. 欲望　　B. 想要　　C. 因为　　D. 将要

2. 遇到难题多思考就会有新发现：下列哪句中“之”的意义和“操之幼子名冲”相同？（　　）

A. 左将军王凝之妻也　　B. 取之，信然

C. 学而时习之　　D. 知之者不如好之者

3. 曹冲“置象于船上”，他把船当作了（　　），这样的思考角度真有趣！

A. 秤　　B. 交通工具

C. 大象的新家　　D. 秤砣

4.“复称他物，则象重可知矣。”对这句的正确理解是（　　）

A. 称了象的重量，就知道这些物品的重量了

B. 再去称其他物品的重量，就知道大象的重量了

C. 再称一下这些物品的重量，就知道大象的重量了

D. 再去称大象各个部位的重量，就知道整个大象的重量了

5. 这个故事带给你什么启发呢？（　　）

A. 大象太大了

B. 古代真落后，连个合适的秤都没有

C. 遇到问题要多动脑筋想办法

D. 聪明和不聪明区别挺大的

二 赏名篇

旅行鸽

佚名

旅行鸽和普通的鸽子看上去非常相似。不过，旅行鸽的后背是灰色的，还有些发蓝，而胸前的颜色又是鲜红色的，所以看上去是那么的绚丽多彩。

旅行鸽不仅好看，而且数量繁多，曾经是地球上数量最多的鸟类之一。当它们组成______的队伍唱着高昂响亮的歌儿，飞过北美洲上空时，鸟群遮住了阳光，地面上一片______。有的旅行鸽的队伍长达 15 千米，宽 2 千米，数量足有 2 亿只。

改变旅行鸽命运的，是它的肉食用起来味道鲜美。如果用棍棒向天空挥动几下，就能打下好几只旅行鸽。如果用猎枪，捕杀几百只甚至几千只就更不在话下了。曾经，每天都有几百万只旅行鸽被人们用火车送到城里，变成了餐桌上的佳肴。随着人们对森林的大面积砍伐和狩猎活动的普遍进行，旅行鸽的数量逐渐减少。

1900 年的一天，随着一声枪响，最后一只野生的旅行鸽被击伤了。1909 年，曾经有铺天盖地阵容的旅行鸽只剩下 3 只了，它们生活在一家动物园里。1919 年 9 月 1 日，最后一只旅行鸽在这家动物园中死去，美国所有的报纸和电台都报道了这一消息。

旅行鸽从铺天盖地到物种灭绝，只用了短短的50年时间。而在20世纪，竟然有数以百计的动物，就这样从地球上永远地消失了。

做一做

1. 意思相近的词语用在合适的地方才正确，请你好好思考并选一选。将正确的词语写在横线上。

当它们组成__________（庞大　巨大）的队伍，唱着高昂响亮的歌儿，飞过北美洲上空时，鸟群遮住了阳光，地面上一片__________（灰暗　昏暗）。

2. 请在原文中用“______”画出描写旅行鸽外表好看的句子，用“～～～”画出具体描写旅行鸽数量繁多的句子。

3. 短文从多个方面写旅行鸽，第三自然段是从哪个角度写的呢？（　　）

A. 旅行鸽的肉食用起来味道鲜美

B. 介绍人们捕杀旅行鸽的方法

C. 旅行鸽因味道鲜美而被人类大量捕杀，数量逐渐减

D. 旅行鸽的数量非常多

4. 从“有的旅行鸽的队伍长达15千米，宽2千米，数量足有两亿只！”这句话中你体会到什么？（　　）

A. 旅行鸽飞行能力强

B. 旅行鸽队伍庞大

C. 旅行鸽数量繁多，集体飞行时气势非凡

D. 旅行鸽飞行时非常遵守纪律

5. 我会多角度提问题。

问题清单	
1. 针对课文内容来提问	旅行鸽长什么样？
2. 针对课文的写法来提问	
3. 得到启发，联系生活实际来提问	

仿一仿

思维导图又叫心智导图，是表达发散性思维的有效工具，它简单且高效。在写作时，它可以帮助我们发散思维，提高联想能力，大大丰富了写作的素材，是同学们写作时不可多得的好助手。比如在写《旅行鸽》这篇文章时，通过思维导图从多个角度来整理你想写的内容，是不是会让你的文章逻辑更加清晰呢？

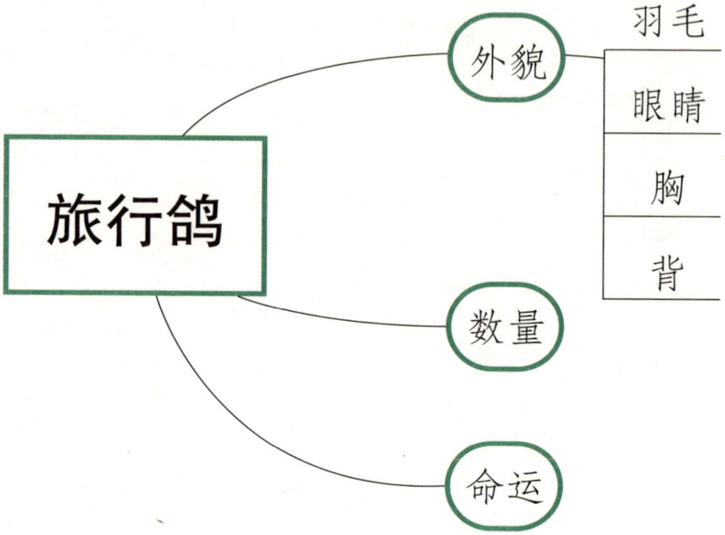

同学们，仔细看看上面的思维导图，选择一种你想写的动物，列出一张思维导图，你就可以根据思维导图按顺序地进行描写了。

三 练非连

关于思维导图的用途：

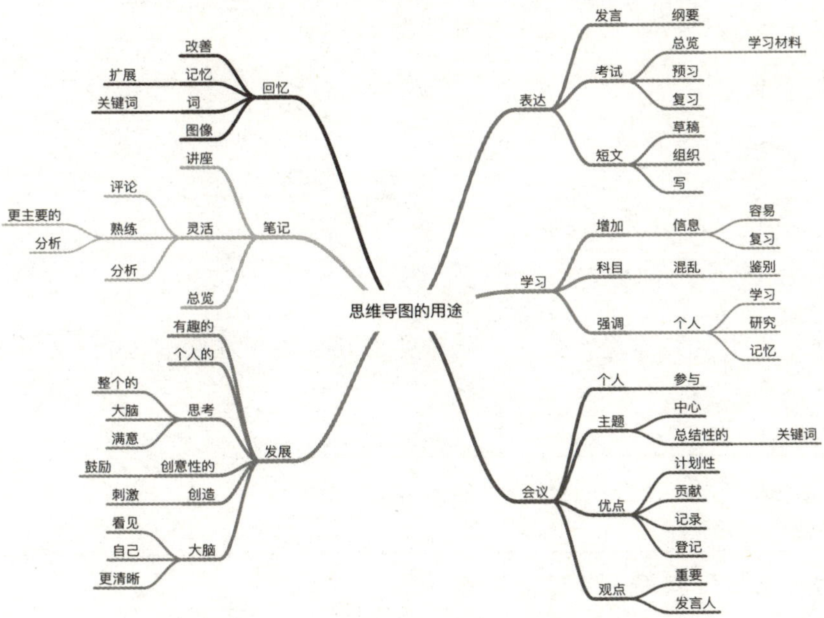

1. 通过上图，你可以发现思维导图的作用是？（　　）

A. 记录课堂笔记

B. 计划旅行攻略

C. 绘制人物自画像

D. 分析数据

2. 思维导图对于考试有什么作用？（　　）

A. 改善记忆力

B. 组织发言纲要

C. 整理复习资料

D. 创新思维

3. 以下哪一种场合适合使用思维导图？（　　）

A. 会议

B. 游行

C. 画展

D. 运动

4. 除了以上这些用途，你认为思维导图还可以用在哪些方面？

____

____

5. 为思维导图创编一条宣传语吧。

____

06

留心观察善表达

法国雕刻家罗丹说：“生活中从不缺少美，只是缺少发现美的眼睛。”而一名作家，不仅需要发现美的眼睛，还需要通过他的笔，用文字将观察到的世间万物转化成生动传神的表达。那林间的啼啭，叶隙中的光斑，暮色里的流星……让我们也一起发现生活中的美吧！

主题要素链接：

◎留心观察。
◎体会文章准确生动的表达，感受作者连续细致的观察。

一
古诗文

① 黑云翻墨未遮山

② 白雨跳珠乱入船

③ 卷地风来忽吹散，望湖楼下水如天

六月二十七日望湖楼①醉书（其一）

［宋］苏轼

黑 云 翻 墨② 未 遮 山，
白 雨 跳 珠③ 乱 入 船。
卷 地 风 来④ 忽 吹 散，
望 湖 楼 下 水 如 天。

①〔望湖楼〕今位于杭州西湖边。
②〔翻墨〕像墨汁一样的黑云在天上翻卷。
③〔跳珠〕形容雨点像珍珠一样跳动。
④〔卷地风来〕指狂风席卷大地而来，形容风很大。

赏一赏

黑云像倒翻的墨汁一样漫布在空中，但是还没有完全遮住山峦，豆大的雨点就像珍珠一样胡乱跳入船中。忽然一阵大风吹来，吹得雨收云散，只见望湖楼下的湖水就像天空一般明净。

苏轼是北宋著名的文学家、书画家，与其父苏洵，其弟苏辙合称“三苏”。这首诗写于苏轼在杭州做官的时候，他游览西湖，在船上看到一场忽然而来又忽然而去的骤雨，再到望湖楼上喝酒，写下五首七言绝句。

做一做

1. 这首诗写的是＿＿＿＿＿＿季的景象，你从＿＿＿＿＿＿（原文）看出来。

2. 诗人用四句话分别描写＿＿＿＿＿＿、＿＿＿＿＿＿、＿＿＿＿＿＿、＿＿＿＿＿＿（四字词语）四个景象，绘出了一幅“西湖骤雨图”。

3. 诗人连续观察了骤雨的三个过程：＿＿＿＿＿＿、雨中、＿＿＿＿＿＿。

4. 这场突如其来的骤雨，在诗人的笔下有动有静，有声有色。诗人用“＿＿＿＿＿＿”，“＿＿＿＿＿＿”形成强烈的色彩对比，观察得很仔细。再用“＿＿＿＿＿＿”写云的来势，用“＿＿＿＿＿＿”描绘出雨点飞溅的情态，以动词前移的句式使比喻运用得灵活生动却不露痕迹。

5. 有感情地朗诵这首诗，你会发现诗人在观察雨景时，不仅用眼睛看，还用到了（　　　　）（多选）

　A. 耳朵听

　B. 用手摸

　C. 舌头尝

　D. 心感受

① 金风瑟瑟，红叶萧萧

② 一处冷轮，皎皎碧落间，令人爽然

③ 银蟾皎洁，玉露凄清，四顾人寰，万里碧

④ 安得青鸾一只跨之，凭虚远游，直八万顷琉璃中也

秋

金风瑟瑟，红叶萧萧，孤雁排云，寒虫泣露，良用凄切。可爱者：云剑长空，水澄远浦，一处冷轮，皎皎碧落间，令人爽然。南楼清啸[1]，东篱畅饮，亦幽人行乐时也。

银蟾[2]皎洁，玉露[3]凄清，四顾人寰(huán)[4]，万里碧。携一二良朋，斗酒淋漓，彩毫纵横，仰问嫦娥：“悔偷灵药否？”安得青銮(luán)[5]一只跨之，凭虚远游，直八万顷琉璃中也。

——选自《明文精选闲赏》

①〔清啸〕清谈吟诗。
②〔银蟾〕这里指月光。
③〔玉露〕这里指晶莹剔透的露水。
④〔人寰〕广大的地域。
⑤〔青銮〕即青鸾，传说中凤凰一类的神鸟，多为神仙坐骑。

赏一赏

秋风瑟瑟，落叶萧萧，大雁南飞，寒蝉凄切，这大约是秋的凄冷的一面。但是，请来看看秋的另一面吧：天高云淡，水天一色。到了晚上，一轮冷月，皎皎然挂于澄澈的夜空，令人舒爽。南楼清谈吟诗，东篱畅饮欢聚，真是有兴致的人游玩的最佳季节。

月光皎洁，白露晶莹，在秋的夜晚，仰望天空，万里一碧。邀三两个好朋友，畅快淋漓地饮酒，恣意潇洒地吟诗作画，笑着仰望那轮明月：“嫦娥啊，看到我们如此洒脱快意，你是否后悔吃了仙丹？”恍惚间，仿佛飞来一只凤凰，乘上去，扶摇直上九天，遨游在那澄澈明净的天空！

做一做

1. 秋天凄凉的一面是什么样的呢？请把作者观察到的景象用“______”画出来。

2. 秋天惬意的一面又是什么样的呢？？赶快用“﹏﹏”画一画吧。

3. 猜猜看，下面对应的是什么景物？

   金风：______________

   冷轮：______________

   银蟾：______________

   玉露：______________

4. 想象“金风瑟瑟，红叶萧萧，孤雁排云，寒虫泣露”的景象，用自己的话说一说。

   ____

   ____

5. 良朋美景，喝酒作诗，真是快哉！此时“仰问嫦娥：‘悔偷灵药否？’”，你觉得嫦娥会怎么回答呢？用心写几句。

   ____

二 赏名篇

爱昆虫的小男孩

佚名

年幼的时候开始，他就喜欢观察和怀疑一切事物。

一次是在黑夜的树林里，一阵断断续续的叮当声引起了他强烈的注意。这种声音显得分外优美而柔和。在寂静的夜里，是谁在发出这种声音？是不是巢里的小鸟在叫？还是小虫子们在开演唱会呢？

“哦，我们快去看看吧，那很可能是一只狼。狼的确是在这种时候出声的。”同行的人对这个小男孩说，“我们一起走，但不要走得太远，声音似乎就是从那一堆黑沉沉的木头后面发出来的。”

男孩站在那里守候了许多时候，什么也没有。

后来树林中发出一个轻微的响声，仿佛是谁动了一下，接着那叮当声也消失了。第二天，第三天，他坚持不懈地去守候，不发现真相决不罢休。

男孩的这种不屈不挠的精神终于获得了回报。嘿！终于抓到它了，这一个“音乐家”在他的股掌之间了。

它不是一只鸟，而是一只蚱蜢！

这就是小男孩守候了那么久，所得到的看起来微乎其微的回报。但他却非常得意，不是因为蚱蜢的两条长后腿和蟹脚一样又粗又肥，可能还肉质鲜美，而是因为他觉得自己又学到了一种知识，而且，这知识是他亲自通过努力得来的。他经过仔细地观察，知道了蚱蜢是会唱歌的——(　　)他利用这双对动植物特别机警的眼睛，独自观察着一切奇异的事物。尽管那时候，他只有六岁，在别人看来他什么也不懂。

后来，男孩又研究花，研究虫子……他不停观察着，也不断怀疑着。这不是来自于他父亲的影响，而是孩子与生俱来的好奇心和对大自然的热爱。

日后，这个小男孩经过执着的努力成了全世界家喻户晓的昆虫学家、作家——法布尔！他写的《昆虫记》成了千千万万同样喜爱小虫子的孩子们的最爱。

做一做

1. 爱观察的人还会用耳朵听。那天晚上，最先引起小男孩强烈注意的是(　　)

A. 看到了一只小鸟　　B. 听到了断断续续的叮当声

C. 闻到了花香　　D. 摸到了大树

2. 精准的用词能表现细致的观察。请你根据意思从文中找出准确的词语。

（1）时而中断，时而继续。(　　　　　　　　　　)

（2）形容非常少。(　　　　　　　　　　)

3. 小男孩观察到蚱蜢是怎么唱歌的？请选择准确、形象的句子填入第⑧自然段的括号中。(　　)

A. “它们的叫声很好听。”

B. “它们先用琴弓拉上几下，然后便寂然无声，等一会儿，再搭弓拉弦，继续欢唱。”

C. “它们喜欢吃植物的嫩叶，喜欢在草丛里安家。”

D. “它们好可爱。”

仿一仿

一只小小的蚱蜢，让小法布尔孜孜不倦地去发现。世间万物，都值得我们细细观察。看似平平常常的茶叶，总是被人忽视。但是当你用眼睛看，用鼻子闻，用嘴巴尝，将所见所感捕捉下来，总是会有不一样的发现。更重要的是，还要把你的脑子转动起来，加上想象和思考。请你选择一种茶叶，将茶叶写活，赋予茶叶无限的生机。

三 练非连

健康行为合约

姓名：小米多　　　　日期：2020.9.1

【健康目标】我要有充足的体育活动

【对我健康的影响】体育活动可以让我的骨骼（gǔ）和肌肉强壮，帮助我保持健康的体重。

【我的计划】我要每天骑 30 分钟自行车，父母或监护人可以帮助我。如果这一天我进行了这项体育活动，我会在日历上画一颗星星。

我的日历表

周日	周一	周二	周三	周四	周五	周六
★		★		★		★

【我的计划说明】我会注明每天是否都积极参加了体育活动。如果没有，会说明原因。即使天气不好，我也会进行其他的体育活动。

1.“合约”的意思是（　　）

A. 合作　　B. 合同　　C. 合计　　D. 合算

2.这是一份关于＿＿＿＿＿的合约。这份合约的制订人是＿＿＿＿＿。

3.小米多需要有充足的体育活动，是因为充足的体育活动（　　）

A. 可以让他保持体重，更快乐。

B. 可以让他兴趣更广泛。

C. 可以让他的骨骼和肌肉强壮，帮助他保持健康的体重。

D. 可以让他心情愉快。

4.从日历表看，你认为小米多的计划完成得怎样？说说理由。

＿＿＿＿＿＿＿＿＿＿＿＿＿＿＿＿＿＿＿＿＿＿＿＿＿＿＿＿＿＿

＿＿＿＿＿＿＿＿＿＿＿＿＿＿＿＿＿＿＿＿＿＿＿＿＿＿＿＿＿＿

5.你认为还有哪些活动可以帮助小米多达到自己的健康目标？请完成表格。

活动时间	活动项目	注意事项
每天 30 分钟	骑自行车	父母陪伴，雨天暂停

07

神话故事奇想象

神话故事和**传说**，是一个民族对世界最质朴的解释和最美好的愿望。希腊神话，北欧神话，中国神话，日本神话……这些**神话故事**中的神奇想象和鲜明的人物形象随着时间的流逝不但没有暗淡褪色，反而在后人的不断演绎下，变得更加完整，更具有生命力。

主题要素链接：

◎感受神话中神奇的想象和鲜明的人物形象。
◎了解故事的起因、经过、结果，把握文章的主要内容。

一 古诗文

① 精卫衔微木，将以填沧海

② 刑天舞干戚，猛志固常在

③ 同物既无虑，化去不复悔

读山海经·其十

［魏晋］陶渊明

精卫[1]衔微木，将以填沧海。

刑天[2]舞干戚，猛志固常在。

同物既无虑，化去不复悔。

徒[3]设在昔心[4]，良辰讵(jù)[5]可待。

①〔精卫〕古代神话中的鸟名。古代炎帝之女精卫，因游东海淹死，灵魂化为鸟，经常衔木石填东海。

②〔刑天〕神话人物，因和天帝争权，失败后被砍头，埋在常羊山下，但他不甘屈服，以两乳为目，以肚脐当嘴，仍然挥舞着盾牌和板斧。

③〔徒〕徒然、白白地。

④〔昔心〕过去的壮志雄心。

⑤〔讵〕表示反问，岂。

赏一赏

精卫神鸟含着微小的木块，想要用它填平沧海。刑天挥舞着盾斧，刚毅的斗志始终存在。同样是生灵不存忧虑，化成了异物并无悔改。如果心中没有这样的意志品格，美好的时光又怎么会到来呢？

陶渊明一生酷爱自由，这首诗借赞叹精卫、刑天的神话故事，赞扬它们的“反抗精神”，同时也惋惜它们空有壮志雄心，却等不到实现理想的“良辰”。通过这首诗，我们看到了一个“壮志未酬”的陶渊明，也可以理解诗人为什么选择归隐，寄情山水做一名“田园诗人”了。

做一做

1. 从诗中，你读到哪些神话人物的名字？请你圈出来。

2. 神话中很多人物个性鲜明，精卫＿＿＿＿＿、刑天＿＿＿＿＿。（填序号）

A. 嫉恶如仇　　B. 坚韧执着

C. 永不妥协　　D. 正直无私

3. 诗中哪个句子中直接抒发了陶渊明坚定不移的奋斗精神？（　　）

A. 刑天舞干戚，猛志固常在　　B. 同物既无虑，化去不复悔

C. 徒设在昔心，良辰讵可待　　D. 精卫衔微木，将以填沧海

4. 查查资料，读读关于刑天的故事，找出你认为神奇的地方。

＿＿＿＿＿＿＿＿＿＿＿＿＿＿＿＿＿＿＿＿＿＿＿＿＿＿＿＿

5. “精卫填海”这个神话故事和（　　）故事一样，都体现出人面对自然时坚定不移的斗争精神。

A. 夸父追日　　B. 女娲造人

C. 八仙过海　　D. 仓颉造字

① 天河之东有织女

② 许嫁河西牵牛郎

③ 许一年一度相会

④ 相传是日河鼓与织女会于汉东

牛郎织女

天河之东有织女，天帝之女也，年年机杼（zhù）[1]劳役，织成云锦天衣。天帝怜其独处，许嫁河西牵牛郎，嫁后遂废织纴（rèn）。天帝怒，责令归河东，许一年一度相会。涉（shè）[2]秋七日，鹊首无故皆髡（kūn）[3]，相传是日河鼓[4]与织女会于汉东，役（yì）[5]乌鹊为梁以渡，故毛皆脱去。

——选自《月令广义》

①〔机杼〕织布机上的一种零件，也指织布的梭子。
②〔涉〕到。
③〔髡〕剃去头发。
④〔河鼓〕牵牛星。
⑤〔役〕使唤，派遣。

赏一赏

《牛郎织女》是中国四大民间传说之一。故事里的织女是王母娘娘的外孙女，她美丽、勤劳而善良；牛郎忠厚老实，性格质朴。他们夫妻恩爱，生活美满。

在这篇小古文里，织女却成了玉皇大帝的女儿，并且是由玉皇大帝做主许配给了牛郎。织女出嫁后，人变了，不再认真织锦。玉皇大帝一气之下，责令她回到天河的东边。据说，每年到了七月初七这天，喜鹊头上的毛都会脱掉，为什么呢？因为它们要用自己的身体为牛郎织女架起一座桥，好让他们在鹊桥上相会。

做一做

1. 朗读选文，文中出现的神仙有（　　）（多选）

A. 牛郎　　B. 织女　　C. 天帝　　D. 喜鹊

2. “年年机杼劳役，织成云锦天衣。”与以下哪句诗相对应？（　　）

A. 迢迢牵牛星，皎皎河汉女

B. 纤纤擢素手，札札弄机杼

C. 盈盈一水间，脉脉不得语

D. 瑶轩金谷上春时，玉童仙女无见期

3. 古文语言简练，常常省略了“人”，请在括号中填出被省略的人物。

（1）（　　）年年机杼劳役。

（2）天帝怜其独处，许（　　）嫁河西牵牛郎。

（3）许（　　）（　　）一年一度相会。

了解故事的起因、经过、结果可以帮助我们把握文章的主要内容。

4. 请用“//”将选文划分成三层。

5. 故事中哪个情节触动了你？用自己的话写在下面的横线上。

____

____

二 赏名篇

神农氏的传说

神农氏，就是传说中的炎帝。他发明了许多耕田的农具，教百姓学会了种庄稼。传说中的神农长得很怪，牛的头面、人的身子。这或许是因为他在农业上就像几千年来帮助人类耕种的辛勤的老牛一样，才被人们想象成这样子。炎帝是农业之神，人们对他所给的恩德表示感激，所以称他为神农。

神农还是一位神通广大的医药之神。传说，他的肚子光亮透明，心肝脾肠肺全都能看得一清二楚。由于当时人们对各种植物的习性不了解，还弄不明白哪些东西可以吃，哪些东西不能吃，因此经常误食毒草而死。神农看到因误食有毒的植物而死去的人们非常难过，他下决心要把他能看到的所有草都尝遍，看看它们在肚子里面发生什么样的变化。

于是神农就开始尝百草了。第一次，他尝了一片嫩尖尖的小绿叶。叶子落进肚子里后，只见它在神农肚皮里从上面洗擦到下面，又从下面洗擦到上面，把肚皮里各部分洗擦得清清爽爽的，那样子，就像上上下下往来巡查一样，神农就给它取名为“查”，后来人把它叫作“茶”。第二次，他尝了一朵像蝴蝶样的淡红小花，那叶像羽毛，甜丝丝的，香味扑鼻，这就是“甘草”。

神农就这样一种草一种草地去尝，几乎每天都会吃下去一些毒草，最多一次他在一天当中就中过七十次毒。有一天，神农见到一朵黄黄的小花，像小茶花的叶子一缩一动的，他才把叶子放进嘴里，肚肠就一节一节地断开，他来不及吃茶叶解毒就死了。后来人们就称这种草为“断肠草”。所以后来才有了这样的传言：“神农尝药千千万，可治不了断肠伤。”神农为拯救人类而牺牲了自己，人们为了纪念他，都称他为“药王菩萨”，好多地方都盖上“药王庙”来祭祀他。

——选自《上下五千年》

做一做

1. 通读全文再填空。

这篇文章讲的是有关__________的传说，他也叫__________。后世为了纪念他，都称他为__________，在__________供奉他。

2. 请你用“______”画出“神农尝百草”的原因，用“~~~~~~”画出结果。

3. 神农在文中一共尝了__________种植物，依次是(　　　　　)。

A. 甘草　　B. 雏菊　　C. 茶

D. 普洱　　E. 断肠草　　F. 狗尾巴草

通过想象可以感受到神话中鲜明的人物形象

4. 发挥想象，把下面句子填写完整。

（1）当神农看到误食有毒植物的人们死去，他会想：____。

（2）当人们来到“药王庙”来祭祀神农时，会说：“____。”

5. 文中描述的神农样貌特别神奇，请你边读边想象，为他画一张画像吧。

仿一仿

常见的茶叶掉进神农的肚子后，竟就像一个可爱的小孩似的，在肚子里上蹿下跳，把肚皮里各部分洗擦得清清爽爽的，有趣极了。而那香味扑鼻的甘草，一会儿宛若蝴蝶，一会儿又变成了羽毛，读起来画面感十足，看来美好的文字少不了作者美妙的遐想啊。值得用文字来捕捉的画面就藏在生活的每一个细节中，只要你敢想、多想、细想，融入自己的感受和情感，就一定能写出丰富而又具体的画面。找到一个你想描写的事物，来试一试吧！

三 练非连

月亮湖水上游览公告牌

票价：

白天船票 60 元 / 人　　晚间船票 80 元 / 人

优惠：

1. 儿童票：1.2 米以下免票　　1.2~1.5 米半票

（1.5 米以下儿童需有成人陪同）

2. 老年票：60 岁及以上老人半价，70 岁及以上老人免票

线路：

扬州码头—白鹭洲公园—七彩水街—东水井—彩虹门—扬州码头

注意事项：

1. 营业时间：白天 9：00—18：00

晚间 19：00—22：00

2. 持白天门票的游客，应于 19 点前返回扬州码头，否则按照 20 元 / 人补收门票费 (1.2 米以下儿童免票，1.2~1.5 米儿童 10 元 / 人)

3. 因照明系统问题，为确保安全，晚间航线，不停彩虹门。

4. 本次船票自购买之日起两日内有效。退票请在有效期内。

1. 从公告牌可知，游览月亮湖可购买两种船票，分别是 ________ 船票和 ________ 船票。其中，________ 船票略贵。

2. 小米多想前往彩虹门观赏，你建议他购买 ________ 船票。

3. 小米多于 2018 年 1 月 17 日购买的船票，他可以在 2018 年 1 月 18 日乘坐吗？（　　）

A. 可以　　B. 不可以

C. 仅限当天乘坐　　D. 三日内有效

4. 小米多的外公今年 65 岁，他游览月亮湖需要购票吗？（　　）

A. 全票　　B. 免票

C. 半票　　D. 八折

5. 小米多的爸爸有 120 元钱，他带着小米多（身高 1.3 米）前往月亮湖游览，下面说法正确的是（　　）

A. 因为带的钱不够，两人不能一同乘坐晚间船游览

B. 小米多可以和爸爸一起乘坐晚间船游览

C. 只能爸爸一个人乘坐晚间船游览

D. 爸爸和小米多决定乘坐白天船游览，带的钱刚好够门票

08

动动笔墨做批注

同学们，“不动笔墨，不读书。”一边阅读一边作**批注**是很好的学习方法。读文章时，遇到写得好的地方、有疑问的地方、有启发的地方……随时都可以作**批注**，这样既可以加深对文章的理解，又能体会人物的感情变化。

主题要素链接：

◎学习用批注的方法阅读。

◎通过人物的动作、语言、神态体会人物的心情。

一 古诗文

① 两句三年得

② 一吟双泪流

③ 知音如不赏，归卧故山秋

题后诗

[唐] 贾岛

两句三年得[1]，

一吟[2]双泪流。

知音[3]如不赏[4]，

归卧故山秋。

①〔得〕此处指想出来。
②〔吟〕读、诵。
③〔知音〕指了解自己思想情感的好朋友。
④〔赏〕欣赏。

赏一赏

贾岛，是唐代非常有名的个性诗人，由于生活贫困，屡次落榜，他性格孤僻，诗的风格也充满这种忧愁、困顿、挣扎。贾岛还曾出家为僧十五年，其中一位叫“无可上人”的僧人对他颇多照顾。在离别之际，贾岛写下一首《送无可上人》表达自己的感激、离别、愁苦等心情。可惜，这首诗并不被看好。

可贾岛认为：这两句诗我琢磨三年才写出，一读起来都禁不住流下两行热泪。如果连了解我的好朋友都不欣赏这两句诗，我就只好回到老家，在瑟瑟秋风中等死了。于是，贾岛在《送无可上人》的诗后题了这四句批注诗，没想这首《题后诗》却广为流传。后人在表达文章难做时，常常引用这首“题后诗”。

做一做

1.“一吟双泪流”中的“吟”的正确解释是（　　）

A. 哭　　B. 诵、读　　C. 唱　　D. 写

2. 你会在 ______________________ 这两句诗旁边批注“贾岛作诗锤字炼句精益求精，布局谋篇也煞费苦心。”

3. 一边读一边想象，体现作者不被朋友赏识时的心情是哪句？（　　）

A. 两句三年得　　B. 一吟双泪流

C. 知音如不赏　　D. 归卧故山秋

4. 结合诗句中描写作者动作、神态的句子，体会他（　　）的心情。

A. 知音难觅　　B. 愤怒满腔

C. 伤心欲绝　　D. 喜出望外

5. 再重新读一下诗句和批注，联系自己的学习经历，写写自己新的收获。

____

____

____

① 吾欲之南海，何如？

② 吾数年来欲买舟而下，犹未能也。子何恃而往！

③ 越明年，贫者自南海还，以告富者。富者有惭色。

蜀鄙二僧

天下事有难易乎？为之，则难者亦易矣；不为，则易者亦难矣。人之为学有难易乎？学之，则难者亦易矣；不学，则易者亦难矣。

蜀之鄙[1]（bǐ）有二僧，其一贫，其一富。贫者语[2]（yù）于富者曰："吾欲之南海，何如？"

富者曰："子何恃而往？"

曰："吾一瓶一钵[3]（bō）足矣。"

富者曰："吾数年来欲买舟而下，犹未能也。子何恃而往！"

越明年，贫者自南海还，以告富者。富者有惭色。

西蜀之去南海，不知几千里也，僧富者不能至而贫者至焉。人之立志，顾[4]不如蜀鄙之僧哉？

——选自《白鹤堂文集》

①〔鄙〕偏僻的地方。
②〔语〕对……说。
③〔钵〕僧人所用的食具。
④〔顾〕难道。

赏一赏

在四川偏远的边境上，有两个和尚，一个穷，一个富。穷和尚对富和尚说："我想到南海去，你看怎么样？"

富和尚说："你凭什么去呢？"

穷和尚说："我靠着一只水瓶、一个饭碗就足够了。"

富和尚说："几年来，我一直想雇船到南海去，可直到现在还没去成。就凭着一只水瓶、一个饭碗，你怎么能到达呢？"

到了第二年，穷和尚从南海回来了，他去告诉富和尚。富和尚听了，露出惭愧的神色。

从四川偏僻的边境到南海，不知道有几千里，富和尚到不了而穷和尚却到了，这是为什么呢？

做事情要有志向啊！一个人只要立下志向，难道还不如四川边境上的那个穷和尚吗？

天下的事哪有难易之分啊？你做了，难的事情也就变得简单了；你不做；简单的事情也是难的。你若愿意学习，难的东西也就变得简单了；你若是不学，简单的东西也是难的。

做一做

批注的方式多种多样，标画出相应的语句也是其中一种方式。

1. 默读选文第一段，在你受到启发的地方用“______”做批注。
2. 边读边想，穷和尚说“我靠着一只水瓶、一个饭碗就足够了”时的心理活动是怎样的？在旁边批注。
3. 结合选文中描写富和尚的语言和神态的语句，说说他的心理有怎样的变化？为什么会有那样的变化，并填写下面表格。

富和尚的心理	原因

4. “学之，则难者亦易矣；不学，则易者亦难矣”，结合学习经验，说一说你对这句话的理解。

____

____

____

5. “到了第二年，穷和尚从南海回来了，他去告诉富和尚……”他们两人之间会有怎样的对话呢？请你想一想，然后写下来。

穷和尚说：“______________________________”

富和尚说：“______________________________”

二
赏名篇

红书包

佚名

①有一回，同班的汪丽娜背了一只崭新的红书包，那书包简直美极了，我只看它一眼，心里就发颤，不由得伸出手去摸一摸。那天，我被这美丽的红书包缠绕着，我甚至感到，快活与否，就同这书包紧密地连在了一起。一个念头从我心里升了起来：我一定要马上拥有一只这样的书包。

②经过几番寻觅，终于，我在一家小文具店的橱窗里，找到了这样的红书包。隔了层光闪闪的玻璃，我发现它更加吸引人了。我在它跟前站了许久，一会儿凑近看，一会儿退远看，过一会儿捂眼看、单眼看。“没有什么能同它比美。”我请求妈妈给我买这个红书包。

批注栏：这句话是对人物的________描写，可以看出“我”对这个书包的________，体现了________的心情。

③“可你的书包还挺新的，而且也很漂亮。”妈妈不解地写说。我不知怎的就想哭，死活不肯离开。母亲心软了。没想到她摸出钱夹要付钱时，才发觉带的钱不够。可在这时，店要打烊了。

④夜里，我老做梦，梦见店里的红书包让人用一把大剪刀剪坏了，急得我大嚷大叫起来。爸爸把我唤醒，小声对我说明天，他下了班就去把我的红书包买回来。

⑤第二天的整个白天，我都非常快乐，心里涌动着紧张和激动。见了汪丽娜，心里充满了模糊的好感：我马上就可以背上那只红书包，同你的那只毫无差别！到了傍晚，我突然变得惴惴不安：万一那店里的书包都让别人买去了呢！

⑥晚上，爸爸一手推着自行车，一手高高举着红书包回来了。我抢过那只鲜红的书包，高兴得打转。等狂喜过之后，才看见母亲正在给父亲擦松节油。原来，为了快点赶到店里，爸爸骑车时同辆黄鱼车撞在一起，膝盖上肿起老大一块。

⑦我的心情沉重起来：我怎么会不顾一切地迷上这红书包的，竟没发现爸爸的膝盖为了它受伤了呢。

⑧爸爸说："爱美是件好事，可生活中美的东西太多。你跟在别人后面，永远跟不过来的，能体会美才是最美的事情。"

⑨从那天起，我似乎更加关注一切美丽，可是从此就没有再像过去那样焦躁不安了——能懂得美的东西美在何处有时就很知足了，世界上最美的东西莫过于存着的爱美的心。

⑩后来，我一直珍藏着那个红书包，它成了我生活的启示录。

做一做

1. 短文以“红书包”为线索，写了“我”的一次经历。请在下面横线上填写合适的语句，感受作者的心情变化。

______________→“我”找到卖红书包的文具店→______________→“我”得到了心爱的红书包→______________

2. 反复默读第②段画线的句子，根据提示在右侧批注栏里做批注。

3. “我”背着新书包去上学，心情发生了很大的变化。你觉得“我背着红书包兴高采烈地去学校，在校门口碰见汪丽娜，谁知她已换了一个紫色的新书包，比原来的红书包漂亮不知多少倍。”这段话应该插入（　　）。

A. ⑤和⑥之间

B. ⑦和⑧之间

C. ⑧和⑨之间

D. ⑨和⑩之间

4. 不同的人读文章，都会有不一样的解读，你觉得以下选项对文章内容理解不正确的一项是（　　）。

A. 因为汪丽娜有红书包，所以我也要有

B. 第④段告诉我们“日有所思，夜有所梦”

C. 为了买红书包，爸爸的膝盖受了伤，这书包里藏着父母浓浓的爱

D. 第二天，“我”的心情这样变化：“快乐—惴惴不安—沉重”

仿一仿

“心理描写”是作文中表现人物性格品质的一种方法。最常用的是描写人物的内心独白，写出人物的所思所想，使读者穿透人物外表，看到人物的内心世界。《红书包》一文中“我”的心情就一直随着这只红书包起起落落，作者写道：“那天，我被这美丽的红书包缠绕着，我甚至感到，快活与否，就同这书包紧密地连在了一起。一个念头从我心里升了起来：我一定要马上拥有一只这样的书包。”把内心独白表达出来，会让你的人物的内心世界更加丰富。你也试着写一段“心理描写”吧！

三 练非连

（一）《西游记》目录（摘选）

（二）

八戒在旁边又笑道："好行者！风发了！只行了半日路，倒打死三个人！"唐僧正要念咒，悟空急到马前，叫道："师父，莫念！莫念！你且来看看他的模样。"却是一堆粉骷髅在那里。唐僧大惊道"行者，这个人才死了，怎么就化作一堆骷髅？"行者道："他是个潜灵作怪的僵尸，在此迷人败本；被我打杀，他就现了本相。他那脊梁上有一行字，叫做白骨夫人'"。

1. 孙悟空有三个称号，你知道是什么吗？请在材料中找找，并写在下面横线上。

________________　________________

____

2. 唐僧在何处收谁为徒？检索摘选目录，按照收徒的顺序填空。

________________→鹰愁涧收白龙马→高老庄收八戒→

____

3. 材料(二)的选文选自《西游记》中________________的故事。

4. 材料(二)中“八戒在旁边又笑道：‘好行者！风发了！只行了半日路，倒打死三个人！’”这句话中的“笑”该怎么理解？(　　)

A. 猪八戒见孙悟空除掉了白骨精，猪八戒为此感到骄傲。

B. 猪八戒认为孙悟空发疯了，一连打死三个人，怒极反笑。

C. 孙悟空一连打死三个人，猪八戒逮着机会挑拨离间，让唐僧念紧箍咒。

D. 孙悟空一路上除掉了三个妖精，猪八戒为此感到骄傲

5.《西游记》里有许多歇后语。请联系以上选文或课外阅读，为歇后语连线。

唐僧遇见白骨精	里外不是人
孙悟空借芭蕉扇	尽是妖
猪八戒照镜子	敌我不分
牛魔王请客	一物降一物

09

把握内容 理线索

有时候，一篇文章的题目能提示文章的主要内容；有时候理清事情的起因、经过、结果，能帮助我们把握文章的主要内容；有时候，弄清每一件事讲了什么，然后把这几件事情连起来，也能把握文章的主要内容。现在我们就用这些策略和方法去小试身手吧！

主题要素链接：

◎关注主要人物和事件，学习把握文章的主要内容。

◎家国情怀。

一 古诗文

① 怒发冲冠，凭阑处、潇潇雨歇

② 三十功名尘与土，八千里路云和月

③ 驾长车，踏破贺兰山缺

④ 待从头，收拾旧山河，朝天阙

满江红

［宋］岳飞

怒发冲冠[①]，凭阑[②]处、潇潇雨歇。
抬望眼，仰天长啸，壮怀激烈。
三十功名尘与土，八千里路云和月。
莫等闲[③]，白了少年头，空悲切。
靖康耻[④]，犹未雪。臣子恨，何时灭。
驾长车，踏破贺兰山缺。
壮志饥餐胡虏肉，笑谈渴饮匈奴血。
待从头，收拾旧山河，朝天阙[⑤]。

“靖康之耻”是一个典故，了解诗歌中的用典可以帮助我们更好地理解诗歌意思，体会诗人的思想感情。

①［怒发冲冠］气得头发竖起，以至于将帽子顶起。
②［凭阑］身倚栏杆。阑，同“栏”。
③［等闲］轻易、随便。
④［靖康耻］宋钦宗靖康二年（1127），金兵攻陷汴京，虏走徽、钦二帝。
⑤［朝天阙］朝见皇帝。

赏一赏

气得头发竖起，以至于帽子被顶起的岳飞，登高倚栏杆，一场潇潇细雨刚刚停歇。他抬头望眼四周辽阔一片，仰天长声啸叹：过去三十多年来，我虽已建立一些功名，但如同尘土微不足道。展望前程，抗金之路艰苦漫长，还需披星戴月、奋不顾身才行。不要虚度年华，等到头发斑白才独自悔恨。靖康年的奇耻，尚未洗雪。作为臣子的我，一腔愤恨何时才能泯灭！我一定要驾着战车进攻，把贺兰山踏为平地！我满怀壮志，打仗饿了就吃敌人的肉，谈笑渴了就喝敌人的鲜血！待我从头收复旧日河山，再收兵回朝拜见皇帝！

《满江红》这首词的作者是宋代著名爱国将领岳飞。他在写作《满江红》时，正道中原地区遭受女真奴隶主贵族的铁骑践踏和蹂躏的岁月。

做一做

1. 理清事情的起因，能够帮助我们把握文章的主要内容。请用“______”画出岳飞“怒发冲冠”的原因。

2. 岳飞感叹“莫等闲，白了少年头，空悲切。”历史上还有许多人物也说过类似的话，以下哪句话与岳飞表达的心情**不一样**？（　　）

A. 少壮不努力，老大徒伤悲

B. 劝君莫惜金缕衣，劝君须惜少年时

C. 花有重开日，人无再少年

D. 白发三千丈，缘愁似个长

3. 诗句中出现了“靖康耻”，查阅资料了解当时的社会状况，说说作者提到了哪个历史事件？（　　）

A. 国人暴动

B. 安史之乱

C. 靖康之变

D. 土木堡之变

4. 岳飞可真是一位英勇的英雄人物啊，下面哪句诗体现了他报国立功的信心和乐观主义精神？（　　）

A. 待从头，收拾旧山河，朝天阙

B. 莫等闲，白了少年头，空悲切

C. 三十功名尘与土，八千里路云和月

D. 怒发冲冠，凭阑处、潇潇雨歇

5. 读一读，想想下面哪些词语可以用来形容岳飞。（　　）（多选）

A. 精忠报国

B. 忧国忧民

C. 忠臣良将

D. 志向远大

①　吴既赦越，越王勾践反国

②　乃苦身焦思，置胆于坐

③　坐卧即仰胆，饮食亦尝胆也

④　身自耕作，夫人自织
食不加肉，衣不重采

卧薪尝胆

吴既赦越，越王勾践反[1]国，乃苦身焦思，置胆于坐，坐卧即仰胆，饮食亦尝胆也。曰：“女[2]忘会稽[3]之耻邪？”身自耕作，夫人自织。食不加肉，衣不重采[4]。折节下贤人[5]。厚遇宾客，振[6]贫吊死，与百姓同其劳。

——选自《史记·越王勾践世家》

①〔反〕通“返”，返回。
②〔女〕通“汝”，你。
③〔会稽〕古吴越地名。
④〔重采〕色彩鲜艳。采，通“彩”。
⑤〔折节下贤人〕降低自己的身份，尊重有见识、有能力的人。
⑥〔振〕救助。

赏一赏

越王勾践是个传奇人物，且看他是如何从阶下囚蜕变成为春秋时期最后一位霸主的。

吴王赦免了越王以后，越王勾践回到越国，就发愤图强。虽身为越王，仍然每天让自己的身体劳累，让自己焦虑地思索，还把一个苦胆挂在座位上面，每天坐下休息、躺下睡觉之前都要看苦胆，吃饭喝水之前也要先尝尝苦胆。他常常对自己说：“你难道已经忘记了在会稽山上所受的耻辱了吗？”于是，他亲自到田间种地，他的夫人穿自己织的布做成的衣服。他吃的每顿饭里几乎没有肉菜，穿的衣服没有鲜艳的颜色。他对待贤明的人毕恭毕敬，对待宾客厚礼相赠，扶助贫困的人，哀悼死难的人，和百姓们一同劳苦工作。

做一做

1. 有感情的朗读选文，关注文中的主要人物 ____________。

2. “卧薪尝胆”的意思是 ______________________，现在这个成语常常用来形容 ______________________ ____________。

3. 越王勾践回国后发愤图强，他都做了哪些事情？请用“____”划出相关句子。

4. 结合注释和赏析理解选文的意思，你从中体会到主人公身上（　　）的品质。

A. 胸无大志

B. 忍辱负重

C. 清贫乐道

D. 安逸闲适

5. 查找相关资料帮助理解，理清“卧薪尝胆”的起因和结果。

起因： ______________________

结果： ______________________

二 赏名篇

嘎子夺枪

徐光耀

嘎子刚走到院门口，猛然看见两个鬼子，东张西望地朝这边走来。嘎子心想：不好，区队长他们还在屋里呢。要是没准备，双方照了面，一交火，把村里的鬼子都招来就不好办了。

嘎子眼珠子一转，快步上前，横在院门口，说："你们想干什么？"

一个鬼子晃了晃手中的长枪，龇牙咧嘴地嚷了几句，让嘎子让开，他们要进院里去。嘎子故意放大声音说："你们想找什么，我给你们拿去还不成吗？我家里有病人！"

鬼子恶狠狠地用枪把嘎子往旁边一拨，大步往院子里闯去。嘎子见拦不住，便朝里面大声喊道："爸爸，外面有两个太君，非要上咱们家来！"

鬼子们气势汹汹地闯向正房，嘎子跟在他们身后。突然，他发现走在后面的鬼子是个官儿，腰间挎着一支手枪。嘎子的眼睛一下子亮了起来。自从奶奶被鬼子杀害以后，嘎子一直希望能得到一支枪，给奶奶报仇。他目不转睛地盯着那支手枪，恨不得伸手就把它摘下来。

两个鬼子撞开屋门，闯了进去。一进屋，他们就像饿狼似的东翻西找，惊动了灶边卧着的一只母鸡。母鸡咯咯叫着站起来往外跑。鬼子兵连忙去捉母鸡。母鸡东躲西闪，最后一头钻进西屋的门帘子里面去了。

鬼子兵上前一挑帘子，突然，三把刺刀从里面一起刺出。他嚎叫一声，翻身栽倒在地。原来区队长和战士们刚才听见了嘎子在院子外的喊叫，已经做好了准备。

鬼子官见势不妙，哇呀一声，转身就跑。

嘎子正站在院门口，见鬼子官往外窜，急忙把门一关。鬼子官的一条腿被绊了一下，身子一栽，跌在了石阶上。他一边在地上滚着，一边往外掏那把手枪。

战士们从屋里冲了出来。随着啪的一声枪，鬼子官被击中了。他身子一拱，滚到了嘎子脚下。嘎子连忙抓起身边的一把扫帚，使出浑身力气朝鬼子官身上拍去，可是不顶用，鬼子官已经把枪掏出来了。嘎子一急，扑上去，用身子使劲压住了他的胳膊，又狠狠咬住他的手腕，把手枪夺了下来。鬼子官一翻身把嘎子踹开，想去夺枪。区队长一甩手，又补了他一枪。鬼子官腿一蹬，不动了。

随着一片冲杀声，反攻开始了。战士们从屋里涌出，冲向了大街。鬼子们纷纷四下逃散，有的被击倒了，有的举手投降……

嘎子紧紧地跟在部队后头，不时回转身来，得意地比试着他刚从鬼子身上夺来的新枪，东瞄两下，西瞄两下，嘴里发出叭叭的声音。他的脸上，洋溢着一种无比兴奋的神情。

做一做

1. 根据题目的提示，我知道这篇选文写了：__________（谁）的__________事。

> 做题小贴士：
> 神态和动作描写，可以把人物形象塑造得更加立体，更加饱满。

2. 请按要求圈一圈、画一画。

（1）圈出三个描写鬼子凶恶的词语。

（2）用“______”划出两处描写鬼子狼狈的句子。

3. 关注主要人物嘎子。下面句子中加点的词语表现了他怎样的心情？

（1）嘎子眼珠子一转，快步上前，横在院门口，说：“你们想干什么？”

（　　　　　　　　　　　　　　　　　　　）

（2）嘎子的眼睛一下子亮了起来。

（　　　　　　　　　　　　　　　　　　　）

（3）他目不转睛地盯着那支手枪，恨不得伸手就把它摘下来。

（　　　　　　　　　　　　　　　　　　　）

4. 为了让区队长他们知道鬼子来了，嘎子做的最重要的事是（　　），请用自己的语言夸夸小嘎子吧：______________________________

__________。

A. 快步上前，横在院门口　　B. 故意放大声音朝里面喊

C. 紧紧跟在鬼子兵身后　　D. 和鬼子打了一架

5. 概括小标题，能帮助你理清故事发展情节，赶快来试试吧。

遇见鬼子→__________________→鬼子遇刺→__________________

仿一仿

同学们，老舍说过：“描写人物最难的地方是使人物能立得起来。而每一个动作都能清楚有力地表现出他个性中的一点来。”这就是说，成功地描写了人物的动作，能使读者真切地感到作者笔下的是一个个栩栩如生的活人。徐光耀爷爷在描写鬼子挨打的这个片段时，光打斗的这一个场面，就用了“拱”“滚”“夺”“踹”“蹬”“咬”等一系列小动词，把嘎子的英勇以及鬼子那狼狈不堪的样子塑造得活灵活现。看来多用动作词可是人物描写的妙招，赶快来试试吧。

三
练非连

材料一：

自制 VR 眼镜方法

工具 / 原料：

剪刀、胶水、凸透镜、纸箱

方法 / 步骤：

第一步：从网上下载你的 VR 图纸。打印图纸并准备其他需要的部件：三张图纸、凸透镜一对、一个纸箱。

第二步：将图纸中多余的部分全部用剪刀剪掉，只留下零件需要的部分。然后将剪好的设计图贴到纸箱上面。

第三步：把和贴好了设计图的纸箱一模一样的形状剪下来。

第四步：将凸透镜片放在最下面的孔洞中，然后将它叠合起来，再用双面胶把它黏合住。

第五步：外壳按照图纸的提示，将具有相同数字的地方贴合在一起，用双面胶粘住。然后把镜片部分竖着插入两个孔槽，再上下左右纷纷对准孔槽立起来。

提示：这副眼镜只能提供最简单的 VR 体验。

材料二：

VR 眼镜技术可以重现犯罪现场。警方可以使用先进相机拍摄现场照片，并制成 360 度全景视频，调查人员只需要戴上 VR 眼镜，就可以环顾四周，以便发现更多线索。戴上 VR 眼镜后，医生们再看 CT 片时，就可以看到更多细节，这意味着医生将做出更快更好的诊断。士兵们身处安全环境中，戴上 VR 眼镜可模拟各种可能的场景，更好地进行模拟训练。

1. 阅读材料一，你会知道，准备材料时，每种材料需要的数量是不同的：

图纸 ________ 张，凸透镜 ________ 对，纸箱 ________ 个。

2. 根据材料一的描述，按照制作步骤排列下图。

（　　　）

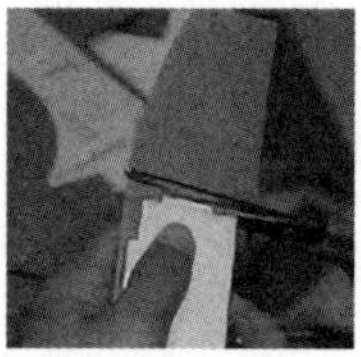
（　　　）

（　　　）

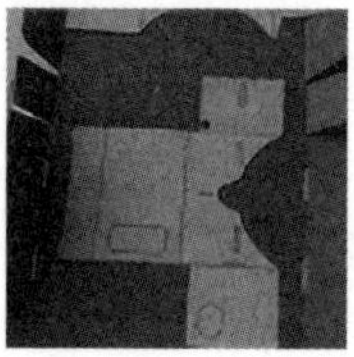
（　　　）

（　　　）

3. 快速阅读材料，判断下列描述，对的画“√”，错的画“×”。

（1）选择镜片材料时，选择凹透镜片。（　　）

（2）安装镜片时，要将镜片放在最上面的孔洞中。（　　）

（3）VR 眼镜可以带你重返犯罪现场。（　　）

（4）我们自制的这副眼镜只能提供最简单的 VR 体验。（　　）

4. 读一读材料二，我们可以知道，VR 眼镜可以应用于以下哪些领域？

（　　）（多选）

A. 医疗　　B. 刑侦　　C. 军事　　D. 教学

5. 你觉得 VR 眼镜还可以应用在什么方面帮助人们更好地工作和生活？

____

10

阅读故事学复述

“时光如川浪淘沙，青史留名多俊杰。”同学们，你们一定听过很多名人的故事，那么怎么才能把这些故事成功地复述给别人听呢？小米多就有很多好方法，比如把故事多读几遍，关注故事的要点和主角，注意故事中提示顺序的词句等等。跟着小米多一起来试着复述你喜欢的故事吧！

主题要素链接：

◎古代故事。

◎了解故事情节，并简要复述。

一
古诗文

① 大江东去，浪淘尽，千古风流人物

② 羽扇纶巾，谈笑间，樯橹灰飞烟灭

③ 故国神游，多情应笑我，早生华发

④ 人生如梦，一尊还酹江月

念奴娇[①]·赤壁怀古

[宋]苏轼

上阕

大江东去，浪淘尽，千古风流人物。
故垒[②]西边，人道是，三国周郎[③]赤壁。
乱石穿空，惊涛拍岸，卷起千堆雪。
江山如画，一时多少豪杰。

下阕

遥想公瑾当年，小乔初嫁了，雄姿英发。
羽扇纶（guān）巾[④]，谈笑间，樯橹（qiáng lǔ）[⑤]灰飞烟灭。
故国神游，多情应笑我，早生华发。
人生如梦，一尊还酹江月。

①〔念奴娇〕词牌名。

②〔故垒〕古时军队营垒的遗迹。

③〔周郎〕指三国时吴国名将周瑜，字公瑾，二十四岁数中郎将，掌管东吴重兵，吴中皆呼为“周郎”。下文中的“公瑾”，即指周瑜。

④〔羽扇纶巾〕古代儒将的便装打扮。羽扇，羽毛制成的扇子。纶巾，青丝制成的头巾。

⑤〔樯橹〕这里代指曹操的水军战船。樯，挂帆的桅杆。橹，一种摇船的桨。

赏一赏

大江浩浩荡荡向东流去，滔滔巨浪淘尽千古英雄人物。那旧营垒的西边，人们说那就是三国周瑜鏖战的赤壁。陡峭的石壁直耸云天，如雷的惊涛拍击着江岸，激起的浪花好似卷起千万堆白雪。雄壮的江山奇丽如图画，一时间涌现出多少英雄豪杰。遥想当年的周瑜春风得意，绝代佳人小乔刚嫁给他。他英姿奋发、豪气满怀，手摇羽扇，头戴纶巾，谈笑之间，强敌的战船被烧得灰飞烟灭。我今日神游当年的战地，可笑我多情善感，过早地生出满头白发。人生犹如一场梦，且洒一杯酒祭奠江上的明月。

这首《念奴娇·赤壁怀古》是苏轼词中的豪放名篇。写作这首诗时，诗人已被贬黜。失落苦闷的他，游山玩水排遣忧烦。这一天，苏轼来到了湖北省黄州赤壁，看到波澜壮阔的江水，有感而发，做下此名篇。

做一做

1. 这首词的上下阕分别写了不一样的内容，上阕写________，下阕写________。这样背诵起来线索就更清晰了。

A. 人　　B. 景　　C. 事　　D. 情

2. 了解故事情节，是复述的关键。查查资料，用一句简练而完整的话来概括这首词中提到的“赤壁之战”：__________（时间），__________（谁）__________（在哪里）______________（干什么）。

3. 这首词中写到东吴大将周瑜“雄姿英发”“羽扇纶巾”“谈笑间”，是依靠 __________ 描写、__________ 描写和 __________ 描写来刻画人物风姿的。

4. 通过下面的比较，体会苏轼怀念周瑜时的感受。

	年龄	职务	际遇	样貌	生活
周瑜	24 岁	东吴都督	功成名就	英俊儒雅	幸福美满
苏轼	47 岁	被贬黜	仕途坎坷	早生华发	屡遭不幸

由此，我体会到：____

____

____________________________。

5. 苏轼悲愤于壮志难酬，为什么还说“人生如梦，一尊还酹江月”呢？

（　　）

A. 被现实打压下的苏轼，心态消极

B. 苏轼心里愁苦难当，无法自拔

C. 美景如梦，苏轼迷失了

D. 以胸襟旷达闻名的苏轼，怎么会被烦恼久久囚困呢

① 晏子使楚

② 使狗国者，从狗门入。今臣使楚，不当从此门入

③ 王曰："齐无人耶？"

④ 其贤者使使贤主，不肖者使使不肖主

晏子使楚

晏子使楚。以晏子短，楚人为小门于大门之侧而延[①]晏子。晏子不入，曰：“使狗国者，从狗门入。今臣使楚，不当从此门入。”傧(bīn)者更道，从大门入。

见楚王，王曰：“齐无人耶？”晏子对曰：“齐之临淄三百闾(lú)[②]，张袂(mèi)[③]成阴，挥汗成雨，比肩继踵(zhǒng)[④]而在，何为无人？”王曰：“然则何为使子？”晏子对曰：“齐命使，各有所主。其贤者使使贤主，不肖者[⑤]使使不肖主。婴最不肖，故宜使楚矣。”

——选自《晏子春秋·内篇杂下》

①〔延〕请。
②〔闾〕古代的社会组织单位，二十五户人家编为一闾。三百闾，表示人口众多。
③〔袂〕衣袖。
④〔踵〕脚后跟。
⑤〔不肖者〕没有才能的人。

赏一赏

晏子受命出使楚国。因为他身材矮小，楚王想侮辱他，就在城门旁边开了一个小门，请晏子从小门进去。晏子说：“有出使狗国的人，才从狗洞中进去。今天我出使的是楚国，不应该从此门入城吧。”楚国人只好改道，请晏子从大门进去。

晏子拜见楚王。楚王说："齐国恐怕是没有人了吧？"晏子回答说："齐国首都临淄有七千多户人家，人挨着人，肩并着肩，展开衣袖可以遮天蔽日，挥洒汗水就像天下雨一样，怎么能说齐国没有人呢？"楚王说："既然这样，为什么派你这样一个人来呢？"晏子回答说："齐国派遣使臣，各有各的出使对象。贤明的人就派遣他出使有贤明国君的国家，无能的人就派遣他出使有无能国君的国家。我是最无能的人，所以就只好出使楚国了。"

做一做

1. "使狗国者，从狗门入。今臣使楚，不当从此门入。"晏子的过人之处就在于说话有礼有节，还能让对方哑口无言。这句话晏子的用意是（　　）

A. 即使我今天从狗门进入，我仍然是齐国的大使

B. 如果我今天从狗门进入，我就是狗了

C. 如果我今天从狗门进入，楚国就是狗国了

D. 如果我今天不从狗门进入，楚国就是狗国

2. 晏子能言善辩，用________、________、________（原文）三个词就形象地说明了齐国人口众多。

3. 用自己的话讲讲为什么晏子说"婴最不肖，故宜使楚矣"。

____

4. 语言描写能够刻画人物。你从中体会到晏子是一个__________、__________的人。楚王是一个__________、__________的人。（填写四字词语）

5. 根据选文内容填空并简要复述。

楚王的侮辱	晏子的反击	结果
	使狗国	
没人才		楚王羞愧

简要复述：______________________________

____

____

二 赏名篇

屈原投江

编者改编

公元前二七八年的一个初夏，洞庭湖边，一个面容憔悴身体瘦弱的老人，一边踱步一边低吟着悲愤和哀痛的诗句。

一位渔夫驾着小船经过，见了他，就停下来问道：“您不是三闾大夫屈原先生吗？为什么弄成了这个样子呢？”屈原叹了一口气，回答说：“人世一片混浊，独有我是清白的，众人都在沉醉，独有我是醒着的，为此我被流放出来了。”渔夫愣了愣：“我听说圣人的处世哲学是随机应变的，您还是随波逐流好了，何苦坚持‘清’‘醒’，而被流放呢？”屈原摇了摇头：“刚洗好头的人，一定要把帽子掸一掸，刚洗完澡的人，一定要把衣服抖一抖，这些都为的是去掉灰尘。我堂堂清白的人，宁愿葬身鱼腹，也不能让肮脏东西来玷污了躯体！”

渔夫听了，飘然而去。屈原感慨万千，就又作了一首《怀沙》诗，诗里说：“要改变当初坚持的正道，这是正直的人所鄙夷的”！又悲叹“世间混浊无人了解我，人心难测，没有人可以听我表叙”！作完这首诗不久，他来到湘江的支流汨罗江边，抱起一块石头，纵身跃进了江里。

一位伟大的诗人，就这样结束了他六十二年的生命。

做一做

1. 长话短说，学会简要复述。

一位渔夫驾着小船经过，见了他，就停下来问道：“您不是三闾大夫屈原先生吗？为什么弄成了这个样子呢？”

复述：____

____

2. 屈原曾经说过：“举世皆浊我独清，众人皆醉我独醒。”请在文中用“______”画出对应的句子。

3. 根据选文内容填空，并简要复述。

洞庭湖边独徘徊 →（　　　　　）→ 屈原吟诗吐心声 →（　　　　　）

简要复述：____

____

____

4. 默读选文，体会屈原当时的心境。（　　　　　）（多选）

A. 忧国忧民

B. 刚正不阿

C. 苦闷忧虑

D. 以死明志

5. 屈原是一位伟大的爱国诗人，他死后，每到__________（节日），人们都会用__________，__________（习俗）来纪念他。

仿一仿

语言描写是写作中不可缺少的环节，但是如果只用“你说”“我说”“他说”来表达未免太单薄了。正如文章的第二自然段，用了“叹了口气”“愣了愣”这些动作和神态描写来引出屈原想说的话，是不是文章更加流畅自然了呢。可见用人物的动作和神态来替代“说”，也是一种写作方法。聪明的你也试着运用动作和神态描写描述一段场景吧！

例：

小米多说：“这可怎么办呢？”

小米多焦急地说：“这可怎么办呢？”

小米多头上冒出细细的汗珠，鼻翼微微扇动，连声音都抖了起来：“这可怎么办呢？”

小米多说：“太好了。”

三 练非连

材料一：

近日，某区各个学校相继开展“明眸皓齿”活动。小夏对眼睛为何会近视这个问题很感兴趣，于是展开了多种渠道的调查。

为了知道近视会不会遗传，小夏采访了眼科医生。医生告诉她，600 度以下的低、中度近视般不会遗传。高度近视的主要原因是遗传，即父母双方均为高度近视者，子女 90% 为高度近视；父母一方为高度近视者，子女 50% 为高度近视。

小夏又上网浏览查阅了近视的成因。网上资料显示，用眼时间过长，阅读、书写姿势不对，光线过强或过弱等，都是导致近视的主要原因。

小夏还在自己班级里进行了问卷调查，详细了解同学们的个人用眼习惯。通过对问卷结果的数据统计，她发现班里近视的大部分同学都有不良的用眼习惯：喜欢长时间看电视，玩手机；阅读、书写姿势不正确。

材料二：

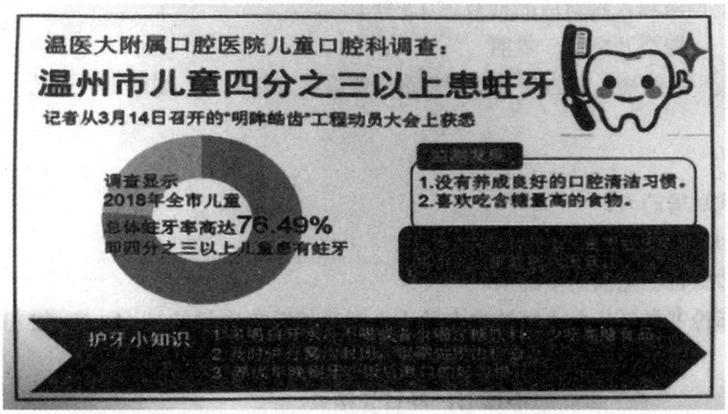

1. 阅读以上材料，“明眸皓齿”的意思是____________________________

________________。

2. 判断题。对的画“√”，错的画“×”。

（1）以上调查告诉我们：不良用眼习惯容易导致近视；我市半数以上儿童有蛀牙。（　　）

（2）老师提醒我们，要及时到医院进行窝沟封闭，这样才能有效保护牙齿。（　　）

（3）我的同桌有蛀牙，因为他特别爱吃糖，也没有养成良好的口腔清洁习惯。（　　）

3. 关于近视是否会遗传，下列理解正确的是（　　）

A. 近视会遗传　　B. 近视不会遗传

C. 高度近视的主要原因是遗传　　D. 低度近视的主要原因是遗传

4. 阅读材料一，下列理解**错误**的是（　　）

A. 小夏通过多种渠道了解造成近视的成因

B. 小夏班级大部分的同学都是近视

C. 600 度以下属于低、中度近视

D. 父母一方为高度近视者，子女 50% 为高度近视

5. 请仿照材料二的“护牙小知识”，给材料一补充“护眼小知识”。

（1）减少用眼时间，观看电子产品的时间不能过长，注意放松和休息。

（2）____

（3）____

参考答案

01 边读边想画面多

一 古诗文

1. 大漠　孤烟　长河　落日
2. B
3. D
4. A
5. 提示：有景有情，语言生动。

   示例：黄沙莽莽，无边无际。这广漠的天地中只有诗人一车一马孤单前行。极目远眺，但见天尽头有一缕孤烟在升腾，诗人的精神为之一振，似乎觉得这荒漠有了一点生气。那是烽烟，它告诉诗人，此行的目的地快到了。（意思接近即可）

1. 白 青 红 绿
2. 喝酒 写诗 驰骋 垂钓
3. D
4. B
5. 人们的谈笑声　马蹄声　酒香

二 赏名篇

1. 时间
2. B　A
3. 一片浅蓝　出现了一道红霞　慢慢扩大

   太阳的小半边脸 使劲儿向上升 太阳终于冲破了云霞，完全跳出了海面
4. C　A　B
5. A B C D

仿一仿

示例：慢慢地，太阳冒出了地平线，红红的，像一个蒙着面纱的含羞少女，悄悄窥视着人间。缓缓地，太阳一点一点地向上升起，终于，它露出了整个笑脸。

三　练非连

1. 11、12、1、2、3
2. 提示：答案不唯一，言之有理，语言通顺即可。
   示例：我会选择5月出行，一来避开旺季，人数会相对减少，二来这个天气不冷不热，正好适宜出游。
3. 提示：答案不唯一，主题明确，言简意赅即可。
   示例：冬季的九寨，给自己一个心灵的栖息地。
4. C
5. A

02　多种方法读难句

一　古诗文

1. B
2. C
3. C
4. C
5.

时间	农历八月十五
地点	天竺寺
人物	皮日休
看到的	桂花缓缓落下，花瓣上还有露珠
想到的	这花瓣大概是嫦娥撒下人间的

1. B
2. C
3. 提示：合理即可。

4. 桃花　荷花　梅花
5. 清香四溢　种类繁多　性耐寒

仿一仿

示例：桂花盛开，香飘十里。其瓣如米，如铃。其色或黄、或红、或白……

二　赏名篇

1. 蝴蝶　黄莺　舞蹈演员　快乐的小鸟（答案不唯一）
2. 提示：答案不唯一。　示例：荆溪白石出，天寒红叶稀。
3. （1）收藏　（2）好像　（3）联想
4. 依依不舍　栩栩如生
清清楚楚　干干净净

三　练非连

1. ACE
2. B
3. C
4. 关心　不允许有自己的安排
5. 提示：合理通顺即可。
示例：给孩子一些自由的空间，让他们健康成长。

03　童话王国爱畅想

一　古诗文

1. B
2. B
3. 提示：答案不唯一。　示例：缤　殡　　待　持　　狠　很
4. 提示：答案不唯一，合理通顺即可。　示例：仙女编织的白色绸缎。
5. 高百尺　摘星辰　高声语　天上人

1. C

2. B
3. C
4. C
5. 追赶太阳　黄河　渭水　桃林　为了给后来追赶太阳的人们解渴（合理即可）

二　赏名篇

1. （1）蜗牛　玫瑰树　花园　（2）不断开花　贡献更多的东西
2. “不过我却看见一位家庭主妇把一朵玫瑰花夹在赞美诗集里，我的另一朵玫瑰花被插在一个年轻美丽的姑娘的胸前，还有一朵被一个幸福地欢笑着的小孩子吻了一下。这些都叫我很高兴，这是真正的幸福。”
3. A　D
4. 娇艳欲滴　含苞待放　沁人心脾

仿一仿

示例：蜗牛觉得玫瑰树说得有道理，于是他想啊想啊，想了好几天。他终于想明白了，他最擅长的就是每天从他的小房子里，伸出脑袋，看看外面的世界。然后，又慢慢爬回原来的地方，留下一条黏黏的涎液。

三　练非连

1. D
2. B
3. 提示：合理即可。
4. B
5. C

04　运用预测来猜想

一　古诗文

1. B

2. C

3. B

4. 望月　怀远

5. 低头思故乡　月是故乡明　明月何时照我还　千里共婵娟　明月有情应识我

1. C

2. 提示：合理即可。

3. 遣子入城 / 市肉

4. C

5. A

二　赏名篇

1. 激动　番　爽快　充沛　圆圆　观赏

2. (1) 开心　(2) 朝、对　(3) 白白地　(4) 自言自语

3. ④ ② ① ⑤ ③

4. 两年内一定要成为一位知识渊博的学者　　他怕累，一天推一天，两年的时间不知不觉地溜走了。　　一事无成

5. C

仿一仿

示例：他先请教了最善于学习的猫头鹰博士，了解到一些学习的方法。又请了自己最好的伙伴小癞蛤蟆做监督员，每天监督自己的学习。保证自己有充足的学习时间。

日复一日，在小癞蛤蟆的监督下，小井蛙养成了认真学习的习惯。两年后，他真的成了有学问的人。大家都为他感到高兴！

三　练非连

1. (1) ×　(2) √　(3) ×

2. 13936411366

3. 哈尔滨市道外区景阳街 21 号

4. 有效证件，如身份证

5. 取不到，因为汇款单上要求 1 月 3 日前取。

05 提出问题多思考

一 古诗文

1.méng chōng B

2. 战船 羽毛 比喻

3. B

4.

水量	船的行驶状态	修辞手法
水少时	人力难以移动巨船	对比
水涨时	船在水中自由航行	

5. B C

1. B

2. A

3. D

4. C

5. C

二 赏名篇

1. 庞大 昏暗

2. 外表好看：它的后背是灰色的，还有些发蓝，而胸前的颜色又是鲜红的，所以看上去是那么的绚丽多彩。

数量繁多：旅行鸽不仅好看，而且数量繁多，曾经是地球上数量最多的鸟类之一。当它们组成庞大的队伍唱着高昂响亮的歌儿，飞过北美洲上空时，鸟群遮住了阳光，地面上一片昏暗。有的旅行鸽的队伍长达 15 千米，宽 2 千米，数量足有 2 亿只。

3. C

4. C

5.

问题清单	
1. 针对课文内容来提问	旅行鸽长什么样?
2. 针对课文的写法来提问	第二自然段运用了哪些说明方法
3. 得到启发，联系生活实际来提问	旅行鸽的数量逐渐减少，你想对大家说些什么？

仿一仿

示例：

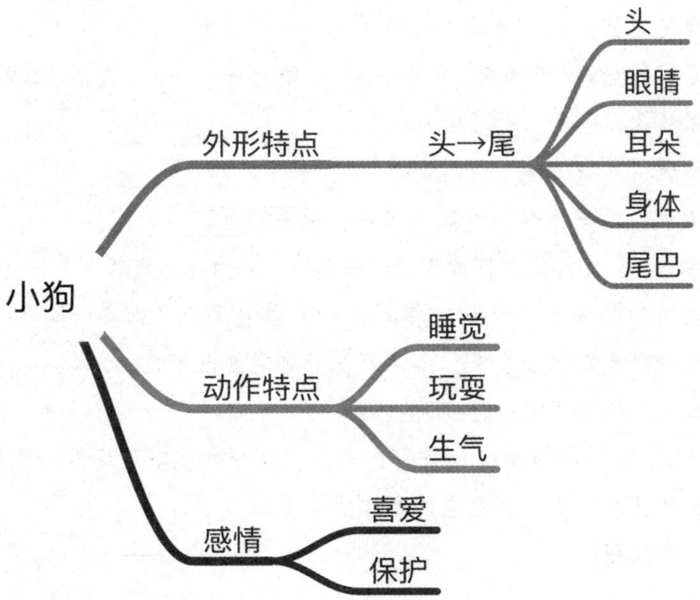

三　练非联

1. A

2. C

3. A
4. 制作旅行计划、记录会议纲要等。（言之有理即可）
5. 所思即所见，思维导图让你的生活更高效。

06　留心观察善表达

一　古诗文

1. 夏　六月二十七日
2. 黑云翻墨　白雨跳珠　风吹云散　湖水如天
3. 雨前　雨后
4. 黑云　白雨　翻　跳
5. A D

1. 金风瑟瑟，红叶萧萧，孤雁排云，寒虫泣露。
2. 云剑长空，水澄远浦，一处冷轮，皎皎碧落间，令人爽然。南楼清啸，东篱畅饮，亦幽人行乐时也。
3. 秋风　月亮　月光　白露
4. 提示：答案不唯一，语言通顺、优美即可。

示例：凉爽的秋风拂面而来，梧桐叶渐渐红了，随着风儿漫天飞舞。在秋风的催促下，大雁排着队恋恋不舍地飞向了南方。闹腾了一个夏天的蝉儿安静了下来，偶尔还能听到它的几声鸣叫。

5. 提示：答案不唯一，意思接近即可。

示例：我好后悔偷吃仙丹啊！人们在美丽的夜空下玩得如此尽兴，而我却只能一个人独自在广寒宫凄冷度日。

二　赏名篇

1. B
2. （1）断断续续　（2）微乎其微
3. B

仿一仿

示例：打开龙井茶罐的盖子，一阵清香扑鼻而来，我情不自禁地将鼻子凑近罐子深深地吸了几口，好让整个鼻腔都充满这种气味，嗯，带着三月清晨泥土的气息呢。

将茶叶倒在手心，仔仔细细地观察起来。这一片片茶叶扁扁的，就像一把把小刀片，两头尖尖的。它们穿着或深绿，或黄绿，或嫩绿的衣服，但是衣服皱巴巴的，仔细看看还有一点点细毛呢！我小心捏起一片放在嘴里一咬，啊，好脆，一咬即碎，像是吃薯片。用前门牙细细磨了几下，一丝苦味冒了上来，夹杂着些许的酸涩，再细细回味，许久，一丝甘甜荡在唇齿之间。

三　练非连

1. B

2. 健康行为　小米多

3. C

4. 小米多在完成度上还不够高，一周有三天并没有按照计划进行体育运动。

5.（合理即可）

活动时间	活动项目	注意事项
每天 30 分钟	骑自行车	父母陪伴，雨天暂停
每天 15 分钟	跳绳	下雨天可以在室内进行

07　神话故事奇想象

一　古诗文

1. 精卫　刑天

2. B　C

3. C

4. 示例：他被斩去头颅，于是，双乳化眼，肚脐化嘴，继续和黄帝战斗。

5. A

1. B C
2. B
3. 织女　织女　牛郎 织女
4. 起因：天河 …… 废织纤。
   经过：天帝怒 …… 许一年一度相会。
   结果：涉秋七日 …… 脱去。
5. 提示：答案不唯一。
   示例：每年到了七月初七这天，喜鹊们都要用自己的身体为牛郎织女架起一座桥，好让他们在鹊桥上相会。还因为这样，它们头上的毛发被踩掉了。

二　赏名篇

1. 神农氏　炎帝　药王菩萨　药王庙
2. 原因：由于当时人们对各种植物的习性不了解 …… 看看它们在肚子里面发生什么样的变化。
   结果：神农为拯救人类而牺牲了自己 …… 祭祀他。
3. 3 C A E
4. 提示：依据上下文合理想象，语言通顺。
   示例：（1）这些人太可怜了！我要把能看到的所有草都尝遍，看看它们在肚子里面发生什么样的变化。告诉大家，哪些草能吃，哪些草不能吃。
   （2）大慈大悲的药王菩萨，请你保佑我和家人无病无灾，身体康健。
5. 提示：依据文中的描写，神农氏长着牛的头面、人的身子，手里拿着草药。

仿一仿

这些石钟乳真是太奇妙了！有的像一只展翅高飞的老鹰，正虎视眈眈地盯着地上的猎物呢！哦，把我当猎物啊！我看得心里发毛，赶紧抱头逃跑。有的像大象，那象鼻深入水池，像是经过长途跋涉，口渴难耐呢！你看，那像不像仙女？瞧，她仪态端庄，头上梳着高高的发髻，身上穿着长长的晚礼服，手上还拿着魔法棒呢！那是定海神针吗？只见一根笔直笔直的石柱展现在我们眼前，它从地上一直插入洞顶，足有三层楼那么高！那孙猴子在哪里呢？我赶紧去寻找孙猴子的踪迹。终于，在一块岩石的后面找到了那只淘气的小石猴。他正躲在岩石后面探头探脑地盯着“定海神针”呢！

三　练非连

1. 白天　晚间　晚间
2. 白天
3. A
4. C
5. B

08　动动笔墨做批注

一　古诗文

1. B
2. 两句三年得，一吟双泪流。
3. D
4. A
5. 提示：联系自身学习情况，言之有理即可。
   示例：诗人作诗每字每句都精益求精，反复推敲。想自己学习不认真，得过且过，我感到很羞愧。我要向诗人学习他追求完美的精神。

1. 为之，则难者亦易矣；不为，则易者亦难矣。人之为学有难易乎？学之，则难者亦易矣；不学，则易者亦难矣。（合理即可）
2. 提示：依据穷和尚的话想象。

示例：饿了我就化斋，渴了我就喝泉水，我相信一步步坚持走下去，一定会到南海的。

3.

富和尚的心理	原因
骄傲自大和不屑	他不相信穷人仅靠一只水瓶、一个饭碗就能到南海。
羞愧	自己看不起的穷和尚真的成功到了。

4. 提示：结合句子的理解和自己的学习经验回答。

示例：这句话的意思是愿意学习，难的东西也就变得简单了；若是不学，简单的东西也是难的。比如学习文言文，起初我觉得难读难懂，但是我不气馁，坚持多读多练，越学越轻松。

5. 提示：根据文意去想象，言之有理即可。

示例：穷和尚："只要你下定决心，定下目标而努力，没有什么困难可以阻拦你。"

富和尚："哎，我的条件比起穷和尚好那么多，竟然还做不成这些事，真是太惭愧了。"

二　赏名篇

1. 我喜欢上了同学的一只新书包　我请求妈妈给我买书包　从书包中我得到了启示
2. 动作　"我"对这个书包的喜爱　"我"想得到红书包的迫切
3. C
4. A

仿一仿

我一边走一边想：看样子是难以逃脱了。把卷子扔了吧，这要是被老妈发现了，一定死定了——而且就是扔了也不一定能逃得脱；不扔吧，被老妈搜到肯定也是一顿暴打。怎么办呢？……同桌还紧跟着我，呼哧呼哧直喘气呢。我听着他的喘气声，蓦地想出了一个法子。可是当我这样想着的时候，我自己不由得浑身都颤抖了起来：

把错题改了，就说老师改错了吧。这样一定能够混过去的……不这样又不行，诚实要紧，我的屁股更要紧！……

三　练非连

1. 弼马温 齐天大圣 孙行者
2. 五行山收悟空 流沙河收沙僧
3. 三打白骨精
4. C
5.

唐僧遇见白骨精		里外不是人
孙悟空借芭蕉扇		尽是妖
猪八戒照镜子		敌我不分
牛魔王请客		一物降一物

09　把握内容理线索

一　古诗文

1. 靖康耻，犹未雪。臣子恨，何时灭。
2. D
3. C
4. A
5. ABCD

1. 勾践
2. 在柴草上睡觉，吃饭时要尝一尝苦胆。
   奋发努力、刻苦图强的人。
3. 身自耕作，夫人自织。食不加肉，衣不重采。折节下贤人。厚遇宾客，振贫吊死，与百姓同其劳。
4. B
5. 起因：越王勾践被吴王夫差俘虏，饱受屈辱。
   结果：越王勾践灭吴。

二　赏名篇

1. 嘎子　夺枪

2. (1) 气势汹汹　恶狠狠　呲牙咧嘴

(2) 示例：他身子一拱，滚到了嘎子脚下。

鬼子官的一条腿被绊了一下，身子一栽，跌在了石阶上。

鬼子们纷纷四下逃散，有的被击倒了，有的举手投降……

他嚎叫一声，翻身栽倒在地上。

3. 提示：答案不唯一，意思接近即可。

示例：(1)表达了嘎子的急中生智和嘎子为暗示区队长的急切心情。

(2) 嘎子日思夜想都要为奶奶报仇，他很想有一把枪，当看到嘎子军官的手枪时兴奋心情通过眼睛表现出来。

(3) “目不转睛”“盯”“伸手”“摘”这些动词表现了嘎子日思夜想为奶奶报仇，他很想有一把枪，当看到鬼子军官的手枪时嘎子想要取得武器的急切心情。

4. B

答案不唯一，意思接近即可。示例：嘎子，你不但机智而且勇敢，真是一个小英雄！

5. 通风报信　成功反击

仿一仿

小姨将双袖向上一挽，裤脚也被卷到了大腿。她在小溪水里慢慢移动着，左脚轻轻地抬起一点，向前迈了一小步，右脚再慢慢拖向前，好像穿着千斤重的鞋。她把帽子扭了扭正，躬着背，低着头，眯着眼，双手做出捧东西的样子。这时，她停下脚步，不再东张西望，对着右边的一个地方目不转睛，猛然把手向水中一扎，将一条小鱼捧在手中了。

三　练非连

1. 三　二　一

2. 4 3 5 2 1

3. (1) ×　(2) ×　(3) ×　(4) √

4. ABC
5. 提示：答案不唯一，联系实际生活即可
示例：电影娱乐　服装试穿等

10　阅读故事学复述

一　古诗文

1. B A
2. 东汉末年　孙刘联军　赤壁　打败曹军
3. 外貌、神态、动作（不分先后）
4. 提示：由对比引发思绪，答案不唯一。

示例：作者仕路坎坷，自感过早苍老，这同年纪轻轻就建功立业幸福美满的周瑜形成鲜明的对比。所以作者顿生感慨，而情不自禁地发出光阴虚度、壮志难酬的叹息。

5. D

1. C
2. 张袂成阴　挥汗成雨　比肩继踵
3. 提示：答案不唯一，语句通顺、言之有理即可。

示例：狂妄自大的楚王嘲笑晏子不配为使，讥笑齐国任人不当，显得“无人”。面对挑衅，晏子临阵不乱，以退为进，反将一军：你认为我“不肖”，我就自认“不肖”，正因为我“不肖”，只好派到你这“不肖”的楚国，见你这“不肖”之主来。

4. 能言善辩 不卑不亢　傲慢无礼 仗势欺人
5.

楚王的侮辱	晏子的反击	结果
钻狗洞	使狗国	晏子从大门入
没人才	不肖者使使不肖主	楚王羞愧

复述略

二　赏名篇

1. 渔夫问屈原，他为什么弄成了这个样子。

2. 人世一片混浊，独有我是清白的，众人都在沉醉，独有我是醒着的。

3. 渔夫疑惑问屈原　屈原投江了性命

简要复述：屈原在洞庭湖边徘徊，渔夫疑惑不解，屈原吟诗吐露心声，最终投江结束生命。

4. A B C D

5. 端午节　赛龙舟 吃粽子

仿一仿

示例：小米多说："太好了。"

小米多兴奋地说："太好了。"

小米多拍着手，脚步轻快地来回走，眼睛眯成一条缝，大声欢呼着说："太好了。"

三　练非连

1. 眼睛明亮，牙齿洁白。

2.（1）√（2）√（3）√

3. C

4. B

5.（2）写字时眼睛距离书本一尺距离。

（3）每天在用眼过多的时候看向远方，并做做眼保健操。